千年名刹

享誉中外的佛教寺院

肖东发 主编　任芳芳 编著

中国出版集团

现代出版社

图书在版编目（CIP）数据

千年名刹 / 任芳芳编著. — 北京：现代出版社，
2014.7（2020.01重印）
ISBN 978-7-5143-2300-9

Ⅰ.①千… Ⅱ.①任… Ⅲ.①佛教－寺院－介绍－中
国 Ⅳ.①K928.75

中国版本图书馆CIP数据核字(2014)第159607号

千年名刹：享誉中外的佛教寺院

总 策 划： 陈　恕
主　　编： 肖东发
作　　者： 任芳芳
责任编辑： 王敬一
出版发行： 现代出版社
通信地址： 北京市定安门外安华里504号
邮政编码： 100011
电　　话： 010-64267325 64245264（传真）
网　　址： www.1980xd.com
电子邮箱： xiandai@cnpitc.com.cn
印　　刷： 山东省东营市新华印刷厂
开　　本： 710mm×1000mm 1/16
印　　张： 11
版　　次： 2015年4月第1版　2020年1月第3次印刷
书　　号： ISBN 978-7-5143-2300-9
定　　价： 40.00元

党的十八大报告指出："文化是民族的血脉，是人民的精神家园。全面建成小康社会，实现中华民族伟大复兴，必须推动社会主义文化大发展大繁荣，兴起社会主义文化建设新高潮，提高国家文化软实力，发挥文化引领风尚、教育人民、服务社会、推动发展的作用。"

我国经过改革开放的历程，推进了民族振兴、国家富强、人民幸福的中国梦，推进了伟大复兴的历史进程。文化是立国之根，实现中国梦也是我国文化实现伟大复兴的过程，并最终体现为文化的发展繁荣。习近平指出，博大精深的中国优秀传统文化是我们在世界文化激荡中站稳脚跟的根基。中华文化源远流长，积淀着中华民族最深层的精神追求，代表着中华民族独特的精神标识，为中华民族生生不息、发展壮大提供了丰厚滋养。我们要认识中华文化的独特创造、价值理念、鲜明特色，增强文化自信和价值自信。

如今，我们正处在改革开放攻坚和经济发展的转型时期，面对世界各国形形色色的文化现象，面对各种眼花缭乱的现代传媒，我们要坚持文化自信，古为今用、洋为中用、推陈出新，有鉴别地加以对待，有扬弃地予以继承，传承和升华中华优秀传统文化，发展中国特色社会主义文化，增强国家文化软实力。

浩浩历史长河，熊熊文明薪火，中华文化源远流长，滚滚黄河、滔滔长江，是最直接的源头，这两大文化浪涛经过千百年冲刷洗礼和不断交流、融合以及沉淀，最终形成了求同存异、兼收并蓄的辉煌灿烂的中华文明，也是世界上唯一绵延不绝而从没中断的古老文化，并始终充满了生机与活力。

中华文化曾是东方文化摇篮，也是推动世界文明不断前行的动力之一。早在500年前，中华文化的四大发明催生了欧洲文艺复兴运动和地理大发现。中国四大发明先后传到西方，对于促进西方工业社会的形成和发展，曾起到了重要作用。

中华文化的力量，已经深深熔铸到我们的生命力、创造力和凝聚力中，是我们民族的基因。中华民族的精神，也已深深植根于绵延数千年的优秀文化传统之中，是我们的精神家园。

总之，中华文化博大精深，是中国各族人民五千年来创造、传承下来的物质文明和精神文明的总和，其内容包罗万象，浩若星汉，具有很强的文化纵深，蕴含丰富宝藏。我们要实现中华文化伟大复兴，首先要站在传统文化前沿，薪火相传，一脉相承，弘扬和发展五千年来优秀的、光明的、先进的、科学的、文明的和自豪的文化现象，融合古今中外一切文化精华，构建具有中国特色的现代民族文化，向世界和未来展示中华民族的文化力量、文化价值、文化形态与文化风采。

为此，在有关专家指导下，我们收集整理了大量古今资料和最新研究成果，特别编撰了本套大型书系。主要包括独具特色的语言文字、浩如烟海的文化典籍、名扬世界的科技工艺、异彩纷呈的文学艺术、充满智慧的中国哲学、完备而深刻的伦理道德、古风古韵的建筑遗存、深具内涵的自然名胜、悠久传承的历史文明，还有各具特色又相互交融的地域文化和民族文化等，充分显示了中华民族的厚重文化底蕴和强大民族凝聚力，具有极强的系统性、广博性和规模性。

本套书系的特点是全景展现，纵横捭阖，内容采取讲故事的方式进行叙述，语言通俗，明白晓畅，图文并茂，形象直观，古风古韵，格调高雅，具有很强的可读性、欣赏性、知识性和延伸性，能够让广大读者全面接触和感受中国文化的丰富内涵，增强中华儿女民族自尊心和文化自豪感，并能很好继承和弘扬中国文化，创造未来中国特色的先进民族文化。

2014年4月18日

第一古刹——白马寺

禅宗祖庭——少林寺

江南第一刹——灵隐寺

白马寺

白马寺初建于东汉永平十一年（68），这座有着2000多年历史的寺院，在中国佛教史和对外文化交流史上占有极其重要的地位。白马寺是佛教传入我国后，由官方营造的第一座寺院，因此被认为是中国佛教的发源地，被尊誉为中国佛教的"祖庭"和"释源"，享有"中国第一古刹"的美誉。

汉明帝梦见神仙飞来

那是在东汉永平七年，也就是公元64年的一个晚上，汉明帝刘庄睡得很香，他做了一个梦，梦见有一位神仙，金色的身体被光环绕着，轻盈飘荡地从远方飞来，徐徐降落在御殿里，端庄祥和地坐着，好像喃喃自语的样子。

汉明帝醒来感到非常奇怪。第二天，他就召集满朝文武大臣为他

洛阳白马寺山门

洛阳古城南大门

解梦，看看是吉是凶。大臣们你看看我，我瞧瞧你，谁也说不出个所以然。

就在这个时候，掌管朝廷奏章和传达圣旨的太史傅毅上奏说："在周昭王二十四年四月初八，山川震动，江河泛滥，晚上西方的天空现出五色祥光。就在这天晚上，周昭王梦见有金人飞着来到了华庭。这应当是一位大圣人在西天诞生了，这位圣人降临人间应该是为了救苦救难。他的信义，将在千年后就会传入我国啊！"

傅毅看皇上专注地听着自己解释，他就继续说："屈指算来，从周昭王梦见金人飞来至今将近千年了，陛下梦到的金人，大概就是这位圣人吧！据臣所闻，现在西域有位神人，其名叫'佛'。陛下梦见的必定就是他吧！"

黄道吉日 旧时以星象来推算吉凶，称青龙、明堂、金匮、天德、玉堂、司命6个星宿是吉神，六辰值日之时，诸事皆宜，不避凶忌，称为"黄道吉日"。也称农民历称黄历，可以择吉，嫁娶、订婚、约会、开张、开市和搬家等黄道吉日。

大月氏 公元前2世纪以前，居住在我国西北部，后迁徙到中亚地区的游牧部族。在我国先秦时代的古籍中，或译作禺知、禺氏、牛氏等，后来也有译作月支的。

汉明帝听了傅毅的话，感到十分高兴，就想了解一下这位神人的具体详情。于是，他就选派郎中蔡愔和博士弟子秦景等12人，选择了一个黄道吉日，前往西域去寻佛求法。

话说蔡愔一行12个人离开都城洛阳后，在去西域的路上，跋山涉水，历尽艰险，在一年后终于到了后来阿富汗一带的大月氏国。在那里遇见了古印度高僧摄摩腾和竺法兰。当时大月氏国佛教已经十分盛行，那里寺院众多，宝塔林立，香火十分旺盛。

蔡愔一行人在大月氏国搜集了一些佛经佛像后，

■ 白马寺山门

又邀请了到大月氏国传教的印度高僧摄摩腾和竺法兰，在永平十年（67）返回京都洛阳。

汉明帝非常高兴，特意召见了两位远道而来的僧人，然后请他们在接待外交官的鸿胪寺住下，翻译蔡愔等人带回来的那些佛经。

第二年，汉明帝敕令在洛阳雍门外，依天竺的建筑样式，修建了一座僧院。僧院建成后，主要用于收藏蔡愔等人取回的佛经。

由于这两位古印度高僧来到汉朝时住在了鸿胪寺，所以，人们就把两位高僧住的地方以"寺"著称，并且从此延传下去，以后所有的僧院都被称为"寺"了。

因为在永平年间蔡愔一行人去大月氏国取经时，是由一匹白马辛辛苦苦驮回佛经和佛像的，为了纪念白马的功劳，人们就把这座僧院命名为"白马寺"。

僧 是梵语"僧伽"的简称，意译为"和合众"，即指信奉佛陀教义，修行佛陀教法的出家人，亦指奉行"六和敬"，"和合共住"的僧团。它的字义就是"大众"。僧伽是出家佛教徒的团体，至少要有四个人以上才能组成僧伽。所以一个人不能称僧伽，只能称僧人。

阅读链接

关于白马寺名字来历，还有另外一个说法。传说古代印度有个国王，曾下令毁坏各个佛教寺院。有座"招提寺"将要被毁时，这天夜里有一匹白马围绕着佛塔悲鸣，有人立即禀报国王，国王立刻下令停止毁坏寺院。因此人们把"招提寺"改为白马寺。从那以后，印度后来的僧院，便常以白马寺命名。因为洛阳白马寺是我国所建第一座寺院，自然也以"白马"取名了。在我国的白马寺中，早先还有白马绕寺塔悲鸣的壁画，天长日久，才渐渐脱落了。

二僧清凉台上译经文

　　那是公元68年，位于洛阳城以东12千米处的白马寺建成后，这里仅仅只是一个很小的寺庙，寺庙内的主体建筑也很少。那么，汉明帝为什么要把这个地方选作摄摩腾和竺法兰两位高僧的住所呢？

　　原来这是因为，在白马寺的寺院后部，有一座雄浑古朴、蔚为壮观的砖砌高台，名为清凉台。这里本是汉明帝刘庄小时候乘凉、读书

白马寺前的石狮

■ 摄摩腾 名迦摄摩腾，迦摄即迦叶，意译饮光，摩腾意译大象，中天竺人。相貌仪表很俊美，精通大乘佛经和小乘佛经，以经常到各地周游传播教化为己任。汉朝使团在天竺国遇见了摄摩腾，便邀请他一同返回汉地。

的地方。

永平年间，当蔡愔等人取经回来，汉明帝看见带回来的经书和佛像后，就想：这些经书和佛像应该放在哪里呢？

这时，有大臣建议说，这些东西应该放在离洛阳城不远的地方。汉明帝便想到了自己童年学习的地方清凉台，这样，他便叫人把高僧带来的佛经摆放在清凉台上。

另外，蔡愔还在大月氏国得到了一副释迦牟尼的站像。蔡愔将画像带回洛阳后，汉明帝亲眼过目全像，发现画中的人物居然跟自己梦中的神仙一模一样。汉明帝非常高兴，就命画工临摹下来，放置在清凉台里边和显节陵上。这便是我国历史上记载有佛像的开始。

佛经有了放的地方，那么高僧们又住在哪里呢？汉明帝又派人在清凉台的前山位置建立的一座寺庙，作为白马寺的山门，也就是白马寺最早的建筑。

这座山门后来被战火所毁，重新修建于元代，并改名为天王殿。

白马寺的最早庙宇修好后，摄摩腾和竺法兰两位高僧便住了进来，开始传法并为汉朝翻译佛经。

但是，这座白马寺庙宇毕竟还很小，摄摩腾和

显节陵 位于河南省洛阳市邙山以南，俗称"大汉冢"。根据历史资料，显节陵的地宫也极为奢丽。史书记载，地宫用虚文画着日、月、鸟、龟、龙、虎、连璧、偃月等。

■ 释迦牟尼站像

《四十二章经》

由42段短小的佛经组成，内容主要是阐述早期佛教的基本教义，重点是人生无常和爱欲之弊。认为人的生命非常短促，世界上一切事物都无常变迁，劝人们抛弃世俗欲望，追求出家修道的修行生活。

竺法兰两位高僧又是两位外国僧人，他们又要学习中文，又要翻译经书，还要向前来求经的人传法，很不方便。

于是，汉明帝又派人在清凉台上东西两边为摄摩腾和竺法兰二人修了两间住房。

此后，印度二高僧便在清凉台上禅居和译经传教。

据史书上记载，当时，蔡愔在西域获得了不少佛教典籍，竺法兰根据情况，翻译了其中的《十地断经》《佛本经》《法海藏》和《四十二章经》等。后来，都城洛阳贼寇作乱，竺法兰所译的5部佛经，有4部失掉了大半，没有传到江南。只有《四十二章经》，仍然保存至今，总共2000多字。汉地所有保存下来的佛教经典，就属《四十二章经》历史最悠久了。

据说，我国第一本汉文佛经《四十二章经》便是摄摩腾和竺法兰两位高僧在清凉台上翻译出来的。自东汉以后，此台均为历代藏经之处。

《四十二章经》翻译出来以后，汉明帝曾敕令将它收藏在朝廷藏书的兰台石室中。《四十二章经》，旨在宣扬佛教的基本教义，被推崇为我国第一部汉译佛经。

也正是因为这部经书是在白马寺翻译出来的，于是白马寺便因此成为我国佛教早期的传播中心，印度梵学及佛教发展的第一座道场，因此被后世佛门弟子尊为"祖庭"和"释源"。

在白马寺的"六景"中，清凉台高居首位。据初步考古勘测，清凉台的夯土台基，东西长约77米，南北宽约55米，折合面积4235平方米，约为现存的砖砌高台平面面积的3倍。在现在砖砌高台的西侧，紧贴砖台之基，留存4枚巨大的方形石础，长、宽各1.55米左右，或为古代木结构高阁之柱础。

现在清凉台重修于明代嘉靖三十四年

券洞 又称拱券、法圈、法券，简称拱，或券，是一种建筑结构。它除了竖向荷重时具有良好的承重特性外，还起着装饰美化的作用。其外形为圆弧状，由于各种建筑类型的不同，拱券的形式略有变化。

第一古刹

白马寺

■ 白马寺清凉台

（1555）。在清凉台西北隅挂有"方丈"2字，为现任方丈禅居之处。清凉台被称为"空中庭院"，是白马寺的胜景。清康熙年间，寺内住持和尚如琇曾作诗赞美道：

香台宝阁碧玲珑，花雨长年绕梵宫；
石磴高悬人罕到，时闻清磬落空蒙。

清凉台由青砖镶砌，具有古代东方建筑的鲜明特色。清凉台前有一古朴的券洞，高3.32米，宽2.54米，深3.90米。其券石和白马寺原山门门洞之券石形制相同，多刻有工匠姓名，应同属一个时期，即东汉时期的遗物。

相传在清凉台下，原保存有佛舍利石匣，而今不知下落。另据寺内僧人相传，清凉台下东侧，原置石棺一口，为贮存驮经白马遗骨的棺材，长约1.80米，宽约1.20米，高约1米。现在也已经毁坏。

清凉台上，原有甘露井一口，现在已经废弃，由僧人们改成了一个水池，里面放有白莲，僧人称作"放生池"。放生池之后，有一铁铸宝鼎，为清代所造。

在清凉台的东西两侧还保留着为纪念摄摩腾和竺法兰的高僧殿。东侧为摄摩腾殿，西侧为竺法兰殿。殿内分供着摄摩腾和竺法兰的泥塑像。

阅读链接

印度摄摩腾和竺法兰两位高僧为了弘扬佛法而远离故土来到汉都洛阳，后来他们身葬异域，可谓是佛德卓著，劳苦功高。为了表示对他们的尊崇和怀念，人们不仅为他们筑墓立碑，而且还在清凉台上为他们立了塑像。

释迦牟尼钵化齐云佛塔

汉明帝建成白马寺后，一心向佛，佛教在华夏大地广泛传播开来。传说佛祖释迦牟尼知道东土大兴佛事后，非常高兴，就化作一个托钵游化的老僧到洛阳白马寺来察看。

佛祖看见洛阳人乐善好施，心中非常高兴，便询问大家有没有烦恼的事。

大家见这个老和尚面相和善，便纷纷向他述说烦恼的事。

原来，在白马寺东南边本来有个大水潭，方便老百姓们浇灌庄稼。可不知什么时候，来了只蛤蟆精钻进水潭里，

■ 释迦牟尼（约前624年—前544年，一说前564年—前484年），原名乔达摩·悉达多。古印度释迦族人，生于古印度迦毗罗卫国，即今天的尼泊尔南部。本为迦毗罗卫国太子，父为净饭王，母为摩耶夫人。佛教创始人。成佛后被称为释迦牟尼，尊称为佛陀，意思是大彻大悟的人；民间信仰佛教的人也常称呼佛祖、如来佛祖。

钵盂 僧人的食器，是一种碗，与道教的钵盂完全不同，但是钵盂很实用，所以被佛教僧人借用。本是僧人的化缘用具，一般都是个人使用，有名的高僧使用漆做的钵，所以漆钵代表了僧人的崇高身份。这种器具设计很巧妙，肚大，口小，水等不容易洒出，道人们用钵盂喝水时必须念"净水咒"。

一不高兴，就上蹿下跳，搅得潭水四溢，淹毁潭边的庄稼和房舍，百姓们深受其害。

佛祖听完百姓们的话，说："阿弥陀佛，原来是只蛤蟆精在作怪，大家别着急，待老衲收拾它！"

这天晚上，等夜深人静时，佛祖来到潭边，把钵盂对着深潭"当当当"地敲起来，直震得潭水如沸锅一般。

蛤蟆精正在潭里睡觉，它被这当当声吵醒以后，怪叫一声，跃出水面，沙哑着嗓子叫："何来疾僧？扰我好梦！自讨苦吃，难活残命！"

蛤蟆精叫着，四脚下扑，压着潭水掀起大浪，直扑潭边的佛祖。佛祖早有防备，一跳跳在浪头上，朗声呵斥："蛤蟆成精，祸害众生！弃恶从善，仍为善行。"

蛤蟆精见一计不成，肚子一鼓，张口喷出一片黑箭，挟着腥风恶臭射向佛祖。佛祖不慌不忙，钵盂一翻，倒出无数剩米粒碎馍渣，把那黑箭全砸落潭中。

蛤蟆精急了，忽地跃上前来，伸出几尺长白淋淋的舌头来卷佛祖。佛祖

■ 白马寺的齐云塔

急退一步，同时将钵盂下击，"扑"的一声，将蛤蟆精击落脚前。

蛤蟆精没了招数，一弹就想蹿回深潭，这时，佛祖一拍钵盂，大喝声："进来！"蛤蟆精就被收进了钵盂。

蛤蟆精没辙了，只好"呱呱"叫着讨饶，佛祖望望不远处的寺院，念声"阿弥陀佛"，然后责令蛤蟆精从此再不得胡作非为，就放了蛤蟆精，并翻手将钵盂扣在潭边，变化成一座高耸入云的镇妖佛塔。

■ 摄摩腾祖师碑

当然，传说毕竟是传说，据史书记载，这座佛塔最开始建成时是一座木塔，它的建立和取名还和汉明帝有关呢！

据《释源大白马寺齐云塔灵异记》记载：己巳年二月八日，孝明皇帝刘庄驾临白马寺，会见两位印度高僧。

当时摄摩腾问道："寺之东南是什么馆室？"

汉明帝答道："很早以前，那里忽然涌起一个土阜，高一丈有余，人们把它铲平了，接着又很快隆了起来。土阜之上，经常放出光芒来，当地百姓感到奇怪，都称它为'圣冢'。自周代以来，经常祭祀，祈求灵验，把它看成是'洛阳土地之神'。不知这是为

灭度 佛教语。灭烦恼，度苦海。涅槃的意译。亦指僧人死亡。古人在翻译经文时，认为"灭度"和"圆寂"都不足表述"常、乐、我、静"的圆满状态。所以，就用音译灭度，再加注释，解释"圆寂"的意思。

叠涩 是一种古代砖石结构建筑的砌法，用砖、石，有时也用木材通过一层层堆叠向外挑出，或收进，向外挑出时要承担上层的重量。叠涩法主要用于早期的叠涩拱，砖塔出檐，须弥座的束腰，墀头墙的拔檐。常见于砖塔、石塔、砖墓室等建筑物。

密檐式砖塔 为我国佛塔建筑的主要类型之一，可以说是一种由楼阁式塔演变而来的新式佛塔，多是砖石结构。这里的密檐，指檐与檐之间的塔身距离很短，各层檐下都不开门窗，有的只开一个小孔。

什么？"

摄摩腾答道："在如来佛灭度后100余年，印度有一位阿怒伽王，安放佛舍利于天下，共计有84000处。东土境内则有19处。陛下所言'圣冢'者，即19处中之一处。"

汉明帝听到这里就偕同二高僧，百官臣寮等一同去观看"圣冢"。当他们走近"圣冢"时，只见上面涌现出一个圆影，汉明帝和二高僧3人身现圆影之中，如鉴照容，分明可见。

见此情景，众人皆叹：真是从未经过这样的事。汉明帝十分感慨地说："我要不是遇到你们二位大师，怎能知道佛在保佑我呢？"

于是便诏令主管衙署，在"圣冢"之上，依腾、兰所传印度佛塔样式，兴建佛塔。当年是公元69年，春天动工，第二年年末完成。

此塔建好，一共有9层，高160多米，直冲云霄。于是，汉明帝亲自为此塔赐名为"齐云塔"。由于此塔也被人认为是佛祖释迦牟尼所建，于是也叫"释迦舍利塔"。

汉代建成的齐云塔后来毁于雷火。现在白马寺内的齐云塔为砖塔，是在金大定十五年（1175）重修，因此又被称为"金方塔"，为四方形叠涩密檐式砖塔，距今已有800多年的历史。

白马寺的齐云塔为我国第一古塔。后来与清凉台、腾兰墓、断文碑、夜半钟、焚经台被人们合称为"白马寺六景"。

白马寺现存的齐云塔，下部正方形须弥座，底边长、宽各7.8米，束腰处长宽各约6.7米。塔身上、下共13层，通高约35米。第一层塔檐之下，砌以仿木构式普柏枋与斗拱，再向上每层均用多层小砖叠涩砌出塔檐。

每层塔檐之第一层砖下，皆饰砌以菱角牙子。自第六层起，逐层内收，塔顶覆以宝瓶式塔刹，结构严谨，浑然一体。外轮廓略作抛物线状，线条柔和流畅，造型别致，玲珑挺拔，古雅秀丽。

齐云塔中空，有踏窝可攀登而上。至第十层，向南有门，俗称"南天门"。出南天门由塔外向上再登三层，可直达塔顶。此时举目四望，邙山洛水，尽收眼底，洛阳古城，一览无余。

齐云塔须弥座所用之砖，大小不尽相同，塔身所用之砖，则比塔座之砖小得多，可能塔座和塔身不是同一时期、同一次修建的。另在塔的四周保存有6块巨大的石柱础，其中最大的一块，长约1.65米，宽

斗拱 亦作"斗栱"，我国建筑特有的一种结构。在立柱和横梁交接处，从柱顶上的一层层探出呈弓形的承重结构叫拱，拱与拱之间垫的方形木块叫斗。两者合称斗拱。也作枓拱、枓栱。由斗、拱、翘、昂、升组成。斗拱是我国建筑学会的会徽。

石柱础 是我国传统建筑中的一种结构构件，它主要有：第一、承受由柱子传来的屋顶荷载，并将其传递到地基上。第二、隔绝地基的潮气，防止木柱受潮腐烂。第三、根据柱间板壁的安装要求不同，柱础形态作相应的变化及处理。

■ 齐云塔塔基

1.60米。这6块石础，分布的很有规律。就其分布和间距推断，原来的石柱础当为8枚，略作八角形分布，可能即为原来木塔的柱础。

齐云塔另有一奇，便是当人站在齐云塔南面，大约20米处用力击掌，便可听到从塔身处发出"哇哇"的叫声，和青蛙的叫声十分相似。

正因为有了这种奇特的现象，便有了上面的那则传说。据说，自从释迦牟尼收拾了那蛤蟆精以后，蛤蟆精再也没有发过水害，又因它傍近寺院，听经闻佛多了，修去癞皮，换了金装。每当月明之夜，人们常会看到闪着金光的蛤蟆在塔顶上出没。为此，当人站在塔前20米处猛拍手掌时，那金蛤蟆也误以为是游行僧又拍钵盂了，吓得跟着"哇、哇"直叫。

其实，这种现象是一种声学的物理现象，是齐云塔独特造型所致，因塔面上凸凹不平，所以使得回声不齐所形成。论资格，这回音比北京天坛的回音壁还早建200年呢！

据说，在后周时期，有一天，齐云塔上现出一团五色神光，自神光中间又伸出金掌一只，端着一座宝

■ 洛阳白马寺齐云塔

后周 是五代之一。951年，郭威称帝，改国号为周，史称后周，郭威就是后周太祖。周太祖郭威所建。京都在开封，后周传3帝，共10年。

塔。那宝塔约高一尺余，色如琉璃，内外透明，自午时至申时方才慢慢隐去。当时，后周皇帝、大臣和老百姓皆来赏看。白马寺内所住的9个梵僧说道：这正和当年佛祖所造的佛塔一模一样。

据《释源大白马寺舍利塔录异记》说：现存齐云塔，就是东汉明帝永平己巳年创建的释迦舍利塔。此外寺内现存宋碑《摩腾入汉灵异记》和佛籍《历代三宝记》也有关于汉明帝修建佛塔的记载。

那么不是应当授予齐云塔以"中国第一古塔"的桂冠吗？如此说来，白马寺的齐云塔，可称得上是我国佛教及其建筑艺术长河之源头了。

阅读链接

虽然很多人认为白马寺的齐云塔是我国建立的第一座佛塔，但也有人认为，我国的第一佛塔是坐落于邢台市所属的南宫市里的普彤塔。

据说，汉明帝当时梦见神仙的地点在邢台市的南宫。而这个南宫是春秋末年由孔子的一个叫南宫适的弟子修建的。

因为汉明帝刘庄随其父光武帝刘秀被王莽追杀，曾在南宫停留，并在"大风亭"下，对灶烤衣、吃饭歇息。刘秀言此地是风水宝地。

于是，在永平十年（67）摄摩腾和竺法兰在从阿富汗到洛阳的途中，汉明帝刘庄便命他们在这里修建了普彤塔。

此塔为八角实心砖塔，共9级，塔高33米，底层直径5米。塔身每级出檐，檐下翘置斗拱。塔的须弥座正南面，有一门洞，直至塔心，塔心下有一砖井，砖井东、西、北3面之上分坐石佛3尊，这种佛龛营造方式，在佛塔建筑中十分罕见。

道佛二教焚经台斗法

汉明帝因梦求法，并创建白马寺后，佛教传入我国，并迅速得到了包括皇帝在内的国人的信奉，这件事，引起了当时道教徒的极度不安。为此，道教徒和佛教徒在白马寺的焚经台上进行了一场斗法比赛。

事情还要从摄摩腾和竺法兰两位僧人来到洛阳以后说起。自从洛阳的白马寺建成以后，摄摩腾和竺法兰一方面在白马寺里翻译经书，另一方面，又到处找新的地址修建寺庙，传播佛教。

一天，他们二人来到了山西五台山，看见那里的景色迤逦，且又

■ 文殊菩萨 即文殊师利或曼殊室利，佛教四大菩萨之一，释迦牟尼佛的左胁侍菩萨，代表聪明智慧。因德才超群，居菩萨之首，故称法王子。山西省五台山是文殊菩萨的道场。

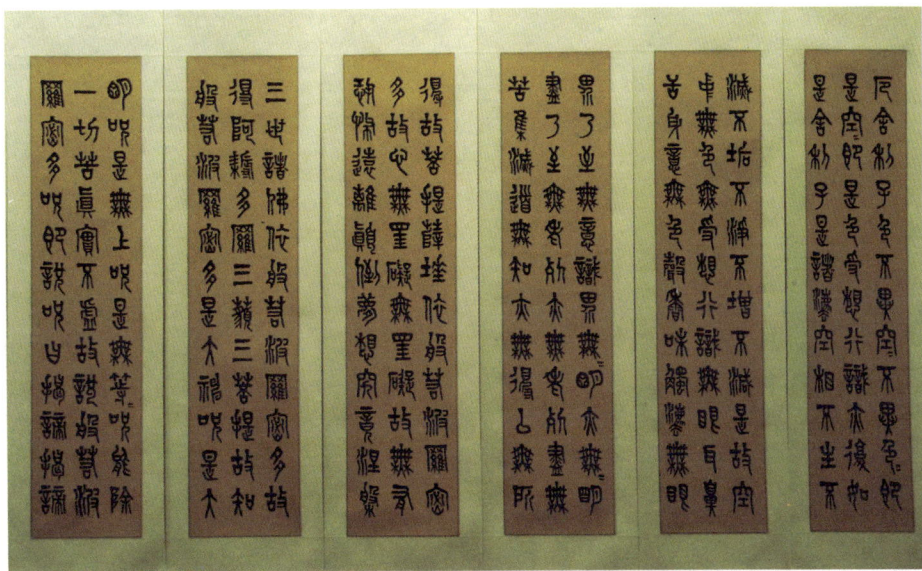

■ 白马寺经书

是文殊菩萨讲经居住的地方，就有了在此地修建寺庙的想法。

可是，这时的五台山上居住着道教弟子，他们当然不愿意让外地僧人在这里修寺传法。于是，道教弟子南岳诸善信、华岳刘正念等五岳十八观、太上三洞共690名道士联名上表汉明帝，他们在奏章中称："皇上竟然摒弃了我国的道教，去远求胡人的教法，这是万万不应该的。"同时，他们还在奏章中向明帝请愿，想与佛教一比高下真伪。

汉明帝看完奏章，心里也想瞧瞧这新传入的佛教和我国土生土长的道家孰优孰劣，于是将佛道两教人士引入长乐宫前，下诏宣告："在元宵节当天，道士与佛教僧侣一起集合在白马寺南门外比试，并先立东西两坛焚经台，以辨验各自的神通本事。"

为了能够比试出效果，汉明帝还特意命人在白马寺南修筑了两个高高的夯土丘用于放置经书时用。

五岳 是我国五大名山的总称。指山东省泰安市的东岳泰山、湖南省衡阳市的南岳衡山、陕西省华阴市的西岳华山、山西省浑源县的北岳恒山、河南省登封市的中岳嵩山。五岳是远古山神崇拜、五行观念和帝王巡猎封禅相结合的产物，后为道教所继承，被视为道教名山。

第一古刹 白马寺

享誉中外的佛教寺院

洛阳白马寺大雄
殿内景

公元71年，正是白马寺建成之后的第三年。这年正月十五元宵节这天，汉明帝亲自率领文武百官来到白马寺前观看佛道两家比经试法。佛道两家也各集精兵强将纷纷前来助阵。赛台前热闹非凡。

比试正式开始了。第一场比赛是比试两家的经文数量。

诸善信等道家学者手捧道教经书共600多卷登入西台，几大车的纸绢、缣帛、木牍和竹简等经文典籍，整整堆满了一赛台。而摄摩腾和竺法兰的经文本来就是从大月氏国取来的，他们的经文自然就少得可怜，只占了东台上可怜巴巴一小点地方。所以，第一个回合，显然是道家胜出，佛家失败。

第二场比赛是比试诵经说法。

道家太极两仪、老子庄周、黄帝内经、五行丹药、山南海北、古往今来、伏羲、女娲以及

缣帛、木牍和
竹简 我国古代制作经书，都是写在丝织品、狭长的竹片或是木条上的，抑或者写在长长的竹片上，以这种材料制成的经书被分别叫作缣帛、木牍和竹简。

八八六十四卦、运筹等说不尽道不完。摄摩腾和竺法兰因为是外国人，他们说法时唧唧呜呜，大家根本听不懂在说什么，而且不一会儿就说完了。

那么，这到底是谁赢谁输呢？就是连汉明帝及文武百官们也不好判定了。于是，他们只好算这个回合为平局。

到了第三场比赛了，道家一方自以为自己已经占尽了先机，于是，就大度地对摄摩腾和竺法兰说，下面还怎么比，你们说吧！

摄摩腾和竺法兰看着道家那边台子上成堆成堆的经典文集，忽然心生一计，便说：真经不怕火炼，你们敢不敢比焚烧经卷宝物？你们若敢，我们就连这佛像佛舍利子袈裟禅杖钵盂都一起用来焚烧。

道家一方这下子可有点担心了，因为他们在从前的比经赛法时都没有这么比过呀，要是自己的经文被烧了该怎么办呢？但是，他们又不愿意认输，于是一生气便说：比就比，这有什么了不起呢！

于是，汉明帝命人备好柴火。600多名道士列队绕坛诵经，祈祷老天保佑自己的经书不要被毁。而摄摩腾和

禅杖 佛门中的禅杖是在坐禅时用以警睡之具。《释氏要览》中说："禅杖竹苇为之，用物包一头。令下座垫行；坐禅昏睡，以软头点之"。用这种"禅杖"触击禅者，不会感受痛楚，但能苏醒精神，防止座中入睡。

021

第一古刹

白马寺

■女娲 传说中华上古之神，人首蛇身，为伏羲之妹，风姓。起初抟土造人，创造人类社会并建立婚姻制度；后世天塌地陷，于是熔彩石以补天，斩龟足以撑天。

千年名刹

享誉中外的佛教寺院

■ 白马寺焚经台遗址

金箔 用黄金锤成的纸状薄片。黄金性质稳定，永久不变色、抗氧化、防潮湿、耐腐蚀、防变霉、防虫咬、防辐射，用黄金制成的金箔具有广泛的用途。

竺法兰等人反倒是显得不慌不忙。

接着，汉明帝一声令下，高台上同时举火。西台上霎时烈焰腾空。君臣们举目看时，道教这边台上火焰熊熊，还杂以"噼噼啪啪"的爆裂声。这是为什么呢？

因为汉朝是我国造纸业的初制时期，纸的产量极少，通用的书写材料主要是简牍和缣帛。简牍，南方以竹为原料，北方以杨、柳为基材；缣帛是丝织品，价钱昂贵且难久存，道士们用的并不多。

这样一来，一大堆干燥的竹木岂有不着的么？不一会儿，道教一大堆的经卷即刻化为灰烬，随风飘尽。那些道士们啊，伤心的泪簌簌如雨下落。

再看看佛教的经台上，真金果然不怕火炼，烈火中突然"光明五色，直上空中，旋环如盖，遍覆大众"。这时，摄摩腾和竺法兰等人突然奏起了古老的印度佛教音乐。

汉明帝等王公大臣们以及周围围观的人们第一次听到这种音乐，他们还以为是天上的仙乐呢！

那么，摄摩腾和竺法兰等人的佛经为什么没有被点燃呢？原来，自从他们答应了道教徒的斗法以后，他们早就把经书誊写在金箔上了。当火被点燃以后，那些金箔被火焰的热气流带上高空飘落下来，又恰似天降宝花，更让台下的人们看得惊讶极了，一时间，台下欢声如潮。

再看看那些五岳来的道士们，他们你看我，我看你，吓得脸色都变了，而南岳的道士费叔才惭愧得竟当场气绝身亡……

摄摩腾和竺法兰带来的佛法大获全胜。道士们个个垂头丧气，而且当场就有600多名弃道为僧，又有贵妇宫女2000多人踊跃报名为尼。摄摩腾和竺法兰等人则个个眉开眼笑。

从此，汉明帝更加虔信佛教，并敕令在洛阳创建10所佛寺，其中7寺建于城外，安置僧人，3寺在城内，安置尼姑，佛教从此流传天下。

在这以前，我国古代原本是无所谓宗教的。道家也只不过属于诸子百家之一。但自从这次斗法以后，我国从此也就有了宗教。

这次斗法比赛中，由于佛教僧人和道教僧人在白马寺新修起的高高夯土丘上面焚烧了经书，后人便把这里叫作焚经台。现在，白马寺的焚经台上的土还是红色的，据说就是那次比试时烧红的。

另外，焚经台是白马寺"六景"之一，现在，在白马寺的焚经台上立着一通"东汉释道焚经台"字样的碑。

阅读链接

据说，在焚经台比法当天，有人从火中抢出了道教经书《道德经》，因此，后世的道教人士认为只有《道德经》才是真经，其余后来流传下来的经书全是唐朝末年的道士杜光庭所撰。现在我们形容伪作品时常用"杜撰"这个词语，就是出自这个典故。

武则天下令广建殿亭台阁

　　时间推移到了7世纪末。685年，女皇武则天下诏大修白马寺，这是历史上对白马寺规模最大的一次扩建。据史书记载，这次扩建的提议者是深受武则天宠幸的薛怀义。

　　薛怀义原是洛阳街头的市井无赖，但他生得一表人才，被武则天的爱女太平公主推荐给女皇，武则天对他十分宠爱。

　　在武则天的支持下，薛怀义征调民夫匠师，大兴土木，广建殿亭台阁，"中国第一古

■ 武则天（624年—705年），是我国历史上唯一的女皇帝。唐高宗时为皇后、唐中宗和唐睿宗时为皇太后，后自立为武周皇帝，改国号"唐"为"周"，定都洛阳，并号其为"神都"。史称"武周"或"南周"。退位后唐中宗恢复唐朝，改称"则天大圣皇后"，以李唐皇后的身份入葬乾陵。武则天也是一位女诗人和政治家。

刹"白马寺成为空前壮观的大寺院。

白马寺修好后，薛怀义经常住在寺中，他还挑选洛阳市民中膂力过人者剃度为僧。在薛怀义操纵下的白马寺，严格意义上说已不只是一所规模宏大的寺院，而成为一种政治势力的代表。

当时洛阳城南望龙门，北依邙山，西至涧河，洛河横贯其间。现存的洛阳老城是明代洛阳城的一小部分，而明代洛阳城，又只是唐代洛阳城的一小部分。这种比例关系同样适用于白马寺，也就是说，今天我们看到的白马寺，其实只是唐代白马寺的一小部分。

由此看来，这时白马寺可以说是迎来了一个黄金时代。据记载，当时白马寺僧人多达3000余人。寺门前有高大的石碑坊，寺周围有很宽的河水环绕，寺内殿阁辉煌，殿堂周围有回廊环护；偏院多处栽满梅、兰、竹、菊、杨、柳、梧桐……另据唐代文人张鷟《朝野佥载》说，唐玄宗李隆基即位时，东都洛阳白马寺内的铁佛像头无缘无故地掉落在殿门之外。由此

■ 白马寺"护国佑民"匾

亭 是我国传统建筑，多建于路旁，供行人休息、乘凉或观景用。亭一般为开敞性结构，没有围墙，顶部可分为六角、八角、圆形等多种形状。亭子在我国园林的意境中起到很重要的作用。亭的历史十分悠久，但古代最早的亭并不是供观赏用的建筑，而是用于防御的堡垒。

王昌龄（698年—756年），字少伯。盛唐著名边塞诗人，后人誉为"七绝圣手"。他早年贫贱，困于农耕，年近不惑，才中进士。其诗以七绝见长，尤以登第之前赴西北边塞所作边塞诗最为著名，有"诗家夫子王江宁"之誉。

可见当时在白马寺内还供置的有铁铸的佛像。

在此阶段，著名诗人王昌龄有一天夜宿白马寺，他极赞其寺境幽雅凉爽，在《东京府县诸公与綦毋潜、李颀相送至白马寺宿》一诗中，王昌龄留下了美丽的诗句：

宦薄忘机括，醉来却淹留。
月明见古寺，林外登高楼。
南风开长廊，夏夜如凉秋。

当时，还有一位北印度僧人佛陀多罗，来到了白马寺，并在寺内译出《大方广圆觉了义经》。另外，相传著名僧人、为中日友好做出过重大贡献的唐代鉴真和尚等也来"祖庭""释源"，瞻仰朝拜。

755年，爆发了著名的"安史之乱"。

据说，回纥兵是在拽倒了白马寺的山门后才攻入

■ 洛阳白马寺大雄宝殿

寺中大肆劫掠的。史书记录了当时的情境："死伤者以万计，累旬火焰不熄。"白马寺经过这场劫难流传至今的，只剩下清凉台西的几个石柱础了。

在"安史之乱"之后的一个秋雨之夜，唐朝诗人张继留宿白马寺，他的《宿白马寺》一诗，描绘了白马寺当时的破败和他心情的悲凉，这首诗和王昌龄的诗成为鲜明的对比：

■ 洛阳白马寺清凉室狮窟

白马驮经事已空，
断碑残刹见遗踪。
萧萧茅屋秋风起，
一夜雨声羁息浓。

不过，在当时的白马寺中佛事活动并不曾中断，

回纥 也称回鹘，是我国古代北方及西北的少数民族。唐德宗时改称回鹘。回纥部落联盟以药罗葛为首，回纥汗国从646年建立，到840年灭亡的近200年里，助唐平定安史之乱、抵御吐蕃对西域的进攻。和唐王朝保持着相当密切的政治、经济和文化往来，促进了唐朝的中外文化交流。

例如另一位唐代诗人许浑就用诗句记录下了当时的佛事盛况，他在诗中写道：

寺喧听讲绝，

厨远送斋迟；

墙外洛阳道，

东西无尽时。

由于佛教势力增强，严重影响了唐王朝赋税收入和兵力、劳动力来源，佛教和最高统治者之间产生了冲突。

845年，唐武宗李炎下令毁寺逐僧，这就是历史上著名的"会昌法难"，也称"武宗灭佛"。

在"会昌法难"中，唐武宗让僧人们把铁佛像改制成农具，铜佛像、铜法器等用来铸钱，金银佛像交到财政机关，并没收良田几千万亩，烧毁众多木制和纸制佛经。据统计，在劫难中共毁寺院4600余所，还俗僧尼26万余人，给我国佛教文化的发展带来不利影响，从此，我国佛教便由鼎盛走向下坡路了。

唐朝末年，洛阳长期陷入战乱兵火之中，在这样的情况下，白马寺的破坏程度也就可想而知了！

阅读链接

据说，唐朝时期白马寺的规模异常宏大，其山门几乎直抵洛河北岸。因为僧人居住的地方离山门太遥远了，步行要走很长时间，所以到了晚上，僧人必须骑马去关闭山门，便留下了"跑马关山门"之说。

宋太宗敕令重修白马寺

10世纪末，宋王朝对佛教的尊崇，使白马寺迎来了新繁荣时期。宋太宗赵光义对佛教非常尊崇，他亲自撰写《新译三藏圣教序》。

在宋代，民间还出现了佛经的木刻版本。据历史记载，淳化初年，天下大旱。宋太宗赵光义曾命人去白马寺求雨。

当时，在白马寺内，东西两厢围墙之下，苍翠茂密的柏树林中，各有一座用弧形青石围起来的圆冢，汉朝时来白马寺传法的西域高僧摄摩腾和竺法兰就埋在这两座冢里。

为了求雨，宋太宗命人打开这两座

■ 宋太宗赵光义（939年—997年），宋朝的第二位皇帝。本名赵匡义，后因避其兄太祖讳改名赵光义，即位后改名炅。太祖驾崩后，38岁的赵光义登基为帝，在位期间，结束了五代十国的分裂割据局面。改变唐末以来，重武轻文陋习。在位共21年。

■《重修西京白马寺记》碑

造像 多用于僧寺或崖壁间镌石成佛像，亦有以金属铸造佛像者，称之为造像。以石刻者，今存有北魏时龙门造像及云冈石窟造像等；以铜等金属铸造者，如陶斋吉金录所载宋韩谦造像及北魏徐常乐造像等。

高僧墓。古墓打开之后，大家看见两位高僧的容貌一点也没有变，随后便下起雨来。

也许是为了感恩古墓中的高僧为大家带来了这场大雨，宋太宗在992年，敕令大修白马寺，并命令翰林学士苏易简撰《重修西京白马寺记》碑文，把这次的维修事件记录下来。其文曰：

鼎新伟构，寅奉庄严。采文石于他山，下瑰材于邃谷。离娄聘督绳之妙，冯夷掌置臬之司。辟莲室而洞开，列绀殿而对峙。图八十种之尊相，安二大师之法筵。灵骨宛如，可验来仪于竺国；金姿穆若，犹疑梦现于汉廷。

天风高而宝铎锵洋，晴霞散而雕棋辉赫。周之以缭垣浮柱，饰之以法鼓胜幡。远含甸服之风光，无殊日域；旁映洛阳之城阙，更类天宫。

苏易在《重修西京白马寺记》中描绘了此次重修后的白马寺莲室绀殿，辉煌壮丽，造像18尊，神圣庄严，宝铎和风，幡幔悬垂，无异日域、亚赛天宫般的胜景。据说，当时白马寺内僧人共有千人以上。

宋太宗的孙子宋仁宗赵祯也是一位崇佛的皇帝，他曾写过一首《赞舍利偈》，即一首七言诗以颂扬佛教。此诗刻在白马寺的齐云塔旁边的明代嘉靖三年（1524）的石碑上。诗云：

金骨灵牙体可夸，毫光万道透云霞。
历代群王曾供养，累朝天子献香花。
铁锤认打徒劳力，百火焚烧色转加。
年年只闻开舍利，何曾顶戴老君牙！

幡幡　多佛龛挂饰。幡指用竹竿等挑起来直着挂的长条形旗子。绘在幡上之图像，称绘幡，描绘佛、菩萨明王及天部的幡，包括佛像幡、菩萨像幡、明王幡、不动幡、天王幡、七大龙神幡等，种类繁多；慢指张在屋内的帐幕。

宋仁宗以后，宋徽宗赵佶听说了当年高僧"显灵"的事件以后，下达圣旨，追赐摄摩腾为"启道圆通大法师"，竺法兰为"开教总持大法师"，并命人在竺法兰殿外，殿门以北壁间刻下有关追封的碑文，碑文内容摘录如下：

圣旨：摩腾赐号"启道圆通大法师"，法兰赐号"开教总持大法师"；传大士赐号"等空绍觉大士"；李长者赐号"显教妙严长者"；定应大师赐号"定光回应大师"。

其婺州双林寺，并太原

■ 宋仁宗赵祯（1010年—1063年），北宋第四代皇帝，宋真宗的第六子，1018年立为皇太子，赐名赵祯，1023年即帝位，时年13岁。1063年驾崩于汴梁皇宫，享年53岁。在位41年。

■ 宋徽宗赵佶（1082年—1135年），是神宗第十一子，哲宗弟，宋朝第八位皇帝。他先后被封为遂宁王、端王。哲宗于1100年病死时无子，向皇后于同月立他为帝。第二年改年号为"建中靖国"。宋徽宗在位25年，国亡被俘受折磨而死，终年54岁。

府寿阳县方山昭化禅院、西京白马寺、汀州武平县南安严钧庆禅院，今后每遇圣节，各许进奉功德。

不仅如此，在宋朝期间，各个佛寺还盛行"伽蓝七堂"制度，即包括佛堂、法堂、僧堂、库房、山门、西净、浴堂等，当时白马寺内有1000多名僧人，规模是相当大的。

北宋末年，白马寺遭到金人的劫掠焚烧。此后140多年中白马寺一直默默无闻。

千年名刹

攀誉中外的佛教寺院

圣节 唐开元十七年（729）八月五日，玄宗生日，左丞相源乾曜、右丞相张说等上表请以是日为千秋节，制许之。后历代皇帝生日或定节名，或不定节名，皆都称之为圣节。

阅读链接

伽蓝七堂制度在宋朝成型，总的布局与我们后来的四合院类似，但根据其流派不同，在规制上也有所差异。能比较明显看出区别的就是塔，在古代以研究佛学为主的寺庙都有塔；而禅宗的寺院都有禅堂。

我们后世所见基本以禅宗流派的规制为样板。即山门、佛殿、法堂、僧堂、厨库、浴室、西净；到明清时演变成山门、天王殿、大雄宝殿、后殿、法堂、罗汉堂、观音殿七堂。

明代重修奠定寺庙布局

1390年，曾经做过和尚的明朝开国皇帝明太祖朱元璋，敕令修葺遭受战争破坏的白马寺。

1555年，明朝的另外一个皇帝明世宗朱厚熜敕令时为朝廷司礼监掌印太监并总督东厂之职的黄锦，又一次大规模整修白马寺。

经过这两次的重修，白马寺大体上奠定了现在寺院的规模和布局，这在白马寺的历史沿革上意义

■ 明太祖朱元璋（1328年—1398年），字国瑞，明朝开国皇帝，濠州钟离即今安徽凤阳人。原名朱重八，后取名兴宗。1368年，他带领农民起义成功后，于南京称帝。他是我国历史上少有的草根皇帝。在幼年，他由于身体不好，以及家中贫寒，在他16岁时，家人把他送进一个佛教寺院做了一个多月的小行童。

■ 洛阳白马寺寺庙佛像

重大。由黄锦撰文的《重修古刹白马禅寺记》石碑，保存了关于此次重修的详细资料。

碑文中记录说，僧人定太及化主德允等曾重修白马寺佛殿，"四方之人，闻风向化，富者输其财，贫者效其力，不日之间，殿陛焕然而日新，圣像彩色而鲜明。"

在黄锦重修5年之后，嘉靖时金都御史、诗人王净，奉使河东，路过白马寺，目睹宝刹高标，耳聆菩提风声，良多感慨，赋《七律》一首，其诗刻石，现存毗卢阁内后壁东部，全诗如下：

宝刹高标倚太清，
使车停午驻飞旌。
菩提树老风声远，
卓锡云深鹤翅轻。

总督东厂 东厂是我国明朝时期的特权监察、情报机构。主要职责是监视政府军队、公家官员、社会名流、学者士人等各种政治力量。东厂的行政长官为钦差掌印太监，全称职衔为：钦差总督东厂官校办事太监，简称总督东厂、提督东厂。

喜见翻经僧入定，

犹闻绕塔马悲鸣。

匆匆到此匆匆去，

檐蔔何能顷刻生！

三解脱门 指佛教中三种进入解脱境界的智门。即空、无相、无愿。其中，空门代表"观我所见，我见皆空，一切诸行不真实、不常、恒空"；无相又作无想；无愿又作无作或无欲。

明代重修后的白马寺寺内主要建筑有山门、天王殿、大佛殿、大雄殿、接引殿、毗卢阁等。每座大殿都有造像，它们向人们讲述着各自的佛教传说。

白马寺山门是1546年重建的。山门采用牌坊式一门三洞的石砌弧券门。山门是我国佛寺的正门，一般由三个组成，象征佛教的"三解脱门"。

红色的门楣上嵌着"白马寺"的青石题刻。它同后面的接引殿通往清凉台的桥洞拱形石上的字迹一样，是东汉遗物，为白马寺最早的古迹。

035

第一古刹

白马寺

■ 白马寺坐北朝南

■ 天王殿内的弥勒佛

歇山式 一种常见的古建筑屋顶的构造方式之一，即前后左右4个坡面，在左右坡面上各有一个垂直面，故而交出9个脊，又称九脊殿。这种屋顶多用在建筑性质较为重要、体量较大的建筑上。

山门东侧为元代所遗存的《洛京白马寺祖庭记》碑，通高3.5米，宽1.15米，碑额"洛京白马寺祖庭记"8字为篆书。

此碑立于1333年，是元太祖忽必烈两次下诏修建白马寺，由当时白马寺文才和尚撰写，著名书法家赵孟頫刻碑，立于寺内，人称"赵碑"。

从白马寺山门进去，经过东西对称的两碑，便是白马寺的第一殿天王殿。此殿为一座单檐歇山式建筑。屋顶正脊有"风调雨顺"，后脊有"国泰民安"4个大字。

天王殿殿内两侧泥塑四大天王像。中央佛龛内是明代塑造的弥勒笑像。

在佛教传说中，弥勒菩萨将继承释迦牟尼佛位，成为未来佛。可是白马寺天王殿内这尊笑口常开弥勒佛，却以另一个民间传说为蓝本。

相传五代时，浙江有位名叫契此的和尚，他经常用一根锡杖肩背一个布袋来往于热闹的街市，人们叫他"布袋和尚"。

他身形肥胖，额头狭小而又袒露着肚子，他喜欢看见人就乞讨，说话跟平常人不一样，至于睡觉，他没有固定的地方，走到哪里就睡到哪里。

传说，布袋和尚曾经在大雪中睡觉，可是大雪却不会沾湿他的身体，人们因此而觉得他很奇特。有时，他向人乞讨，乞到的货物就拿来售卖给别人，换取基本需要的食物。若是他向人提醒将遇到的吉事或凶事，则到时就会实现，不曾有过差错。

于是人们就把他当作弥勒化身，并根据他的形象塑造了一尊佛像，供在天王殿里。这样一来，当人们第一步踏进佛寺大殿时，就会迎面看到乐哈哈的袒腹弥勒佛，大家心中的阴郁和愁思就会立即烟消云散，佛门的解脱也会让人崇信备至。

从天王殿后门走出，还可以看见一座石雕，这座石雕叫作"蟠桃腰芦芦"，它其实就是一个石桃。据说，这石雕有神奇的力量，就是人们先摸摸它，再摸摸自己身上的常痛处，就能消除疼痛。

天王殿后是一座大佛殿。据说，它始建于元代，明代重建，虽然后来又经过多次修葺，但仍然保持着明代建筑的风格。

大佛殿是白马寺的第二重大殿，大殿前东侧，立有明代嘉靖年间黄锦撰文的《重修古刹白马禅寺记》石碑。殿脊前部刻有"佛光普照"，后部刻有"法轮常转"。

大佛殿的中央供奉着三尊塑像，中间为释迦牟尼佛，左

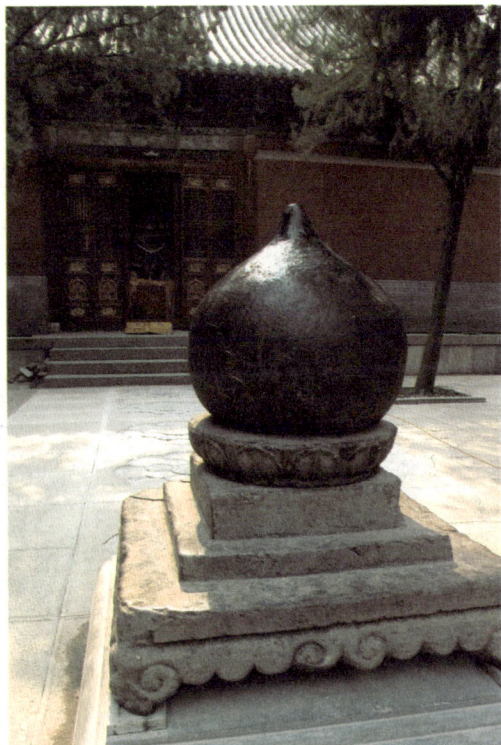

法会 佛教仪式之一。又作法事、佛事、斋会、法要。乃为讲说佛法及供佛施僧等所举行之集会。即聚集净食，庄严法物，供养诸佛菩萨，或设斋、施食、说法、赞叹佛德。

■ 蟠桃腰芦芦

千年名刹

草籲中外的佛教寺院

■ 大佛殿内的三尊塑像

边为摩诃迦叶，右边为阿难。这三尊像共同构成了"释迦灵山会说法像"，取材于一个佛教禅宗典故。

据说，有一次释迦牟尼在灵山法会上面对众弟子，闭口不说一字，只是手拈鲜花，面带微笑。众人十分惘然，只有摩诃迦叶发出了会心的微笑。

释迦牟尼见此，说："我有正眼法藏，涅槃妙心，实相无相，微妙法门，不立文字，教外别传。"这样，摩诃迦叶就成了禅宗传人，我国佛教禅宗也奉摩诃迦叶为西土第一祖师。

在三尊塑像旁边，还有手拿经卷的文殊和手持如意的普贤两位菩萨。释迦牟尼佛像背后是观音菩萨像，为此，这里的后殿也被称为观音殿。殿内悬塑着一尊观世音菩萨。这尊菩萨不是面向大佛，也不是协侍佛旁，而是背对大佛，面北而坐，左腿盘起在莲花座上，右腿下垂踏在莲蓬上，称为"倒座观音"。

寺院内观音为何倒坐？有一副对联是这样说的：

问观音为何倒坐；

叹世人不肯回头。

在观音菩萨塑像左边置有净瓶，瓶内装的是"甘露水"，并插有据说可消灾治病的柳枝；右边有鹦鹉鸟，口衔念佛珠。这表示"佛法无边"，"诸有情类"，意思说世界上的鸟和人一样，都是可以被佛法所感化的。

在大佛殿之后，是一座悬山式建筑大雄殿。它是白马寺的第三重大殿，本为元代所重修，明代和清代都有重修。

殿前有一月台，殿门外东侧壁间，嵌有宋代重立的《摩腾入汉灵异记》刻石，此刻石记载了汉明帝修建齐云塔的起始原委。

■ 观音殿里倒坐观音

大雄殿中央，置木雕贴金双层佛龛，在上层龛额正中，浮雕一只大鹏金翅鸟，在大鹏金翅鸟的两边，各浮雕有三条龙。

相传，大鹏金翅鸟最喜欢"吃"龙。龙万般无奈，只好找如来佛"告状"，如来佛即从所披袈裟之上抽出一束线来，用每一根线覆盖每一条龙。从此龙受到如来佛的护持，便不再担心大鹏金翅鸟之害了；如来佛又运用神通，使有限的"供品"变化得无限多，以供品代"龙"，满足了大鹏金翅鸟的要求。这就解决了双方的矛盾，龙、鸟两家，皆大欢喜。

宝殿天棚上画着莲花图案，色彩艳丽，墙壁上挂着万尊木刻"壁佛"。

在这"楼阁"的下一层，三尊主佛慈眉善目，端坐宝殿中央。这三尊主佛，中间是释迦佛，左边药师

金刚杵 又叫作宝杵、降魔杵等。在佛教密宗中，金刚杵象征着所向无敌、无坚不摧的智慧和真如佛性，它可以断除各种烦恼、摧毁形形色色障碍修道的恶魔，为密教诸尊之持物或瑜伽士修道之法器。

尊誉中外的佛教寺院

■ 毗卢阁内的三尊
佛像

摩尼宝珠 是指海
底龙宫中出来的
如意宝珠，奇世
珍宝，宝物由五
个宝以三、二、
一的梯形组成，
并以黄、青、红
为三，紫、绿为
二，青为一的颜
色排列。在五宝
周围是向上燃烧
的火红的火焰，
将宝围在中心，
下方为莲座。指
能如自己意愿，
而变出种种珍宝
之宝珠。此宝珠
尚有除病、去苦
等功德。

佛，右边阿弥陀佛，又称此三尊佛为"横三世佛。"

在三主佛之前，左右相对而站者，是两位手持法器的天将韦驮和韦天。

左边是韦驮天将，双手合掌，以双臂承金刚杵站立在须弥座上。这位韦驮天将，虽然身着武将装束，面容却白皙英俊，显得温和文雅。

在他对面的韦力天将，红红的脸上，眼睛睁得大大的，右手拿着戟，左手托着塔，站立于须弥座上，显得非常勇猛暴烈。

大雄宝殿内东西两侧供奉着栩栩如生的十八罗汉，他们的造像，坐姿不同，手持各异，神情奇特，栩栩如生。

明代重修后的大雄殿后面还有接引殿，在接引殿外殿门以东壁间，还有一通《重修金妆神像并油饰序》碑石。碑文记载，清代同治元年（1862），接引殿当时叫立佛殿，曾经被毁掉。接引殿外殿门以西壁间，是一通《重修毗卢阁碑记》。碑上写着立碑日期为清代宣统二年（1910）立。

接引殿内供西方三圣，中间为阿弥陀佛立像，左边为持净瓶的观世音菩萨，右边握摩尼宝珠的是大势至菩萨，均为清代泥塑。

接引殿后是毗卢阁，毗卢阁是白马寺内最后的一层殿，据说，它始建于唐代，元代重建，明代重修。它与大佛殿一前一后、一低一高，使白马寺中轴线的主要建筑错落有致，显出层次感。

毗卢阁内正中为摩诃毗卢遮那佛，简称毗卢佛，左侧为文殊菩萨，背光中有青狮，右为普贤菩萨，背光中有白象。毗卢阁前，东有摄摩腾殿，内供印度高僧摄摩腾大师塑像，西有竺法兰殿，内供印度高僧竺法兰塑像。

除此之外，在1555年，总督东厂黄锦还命人在白马寺的东南角、西南角，修了两座方形角楼，东楼悬钟，西楼架鼓。

这里的大钟高1.65米，重2500千克，上饰盘龙花纹，刻有"风调雨顺，国泰民安"等字。此钟楼修好以后，每当月白风清之夜，更深人静之时，僧人杵击，钟声洪亮，传向四方。

在明代，人们还重修了摄摩腾和竺法兰两位高僧的墓，并在墓碑上立了一通《赐进士中宪大夫知河南府事尹明冀》碑。

明朝末年，洛阳再次遭遇战乱，白马寺也难逃劫难，损毁非常严重。

阅读链接

"夹纻干漆"造像工艺，不同于泥塑、木雕、石刻、铜铸等，它是我国古代劳动人民独辟蹊径培育出来的一株工艺名花。所谓"夹纻干漆"工艺，就是先用泥、沙等做成原胎，然后以纻麻或布、丝、棕等裱裹，再进行涂漆，如此反复裹涂，最后再绘彩描金，并脱去原胎。因此其又叫"脱胎漆"像或"行像"。

此种造像重量轻，造型美，色泽鲜，耐酸碱，耐高温，防潮防腐、结实坚牢。据说，在我国古代，好的夹纻干漆造像作品，其价值要比铜像高过10倍。

清代补修寺庙重放光彩

白马寺碑刻

清代康熙年间，白马寺出了一个名叫如琇的住持和尚，在洛阳知县高镐的支持下，经过多方筹措经费，花费了多年时间，重修补修了白马寺的大殿、山门、毗卢阁和接引殿等配殿，使白马寺重放光彩。

据说，这位如琇和尚能文能诗，书画亦佳，是一位多才多艺的僧人。至今白马寺内还留有他不少的诗、文及画之刻石。首先，如琇和尚在清凉台上刻写了这样一副对联：

台洒法雨柏翻风果有清凉气象；
阁显山光池吞月混是毗卢法身。

在这副对联上，如琇和尚第一次把"清

■ 白马寺内二僧墓

"凉台"称作"古之阁基"。不过，这对联石刻后因战乱所毁。现在，白马寺的清凉台石匾，则是20世纪20年代洛阳人袁兆熊所书。

在毗卢阁前的东侧位置，如琇和尚还刻写了一通碑额为篆书《洛京白马寺祖庭记》字样的碑亭。碑高约3.05米，宽1.03米，螭首龟趺。立于1713年。

如琇和尚的草书，雅好娟秀，柔美流畅。它和宋代苏易简撰的"断文碑"、宋代追赐书碑、元代赵孟頫的"赵碑"和明代王浄的《七律》诗文石刻被称为白马寺的"书法五佳"。

这位如琇和尚于"禅诵之余"，"偶拈古迹大事，缀以韵言"，题为"白马寺六景"。从此以后便有了著名的"白马寺六景"之称。这六景分别指的是：清凉台、焚经台、齐云塔、白马钟声、二僧墓和断文碑。二僧墓又称"腾兰墓"或"祖师墓"，它们指的是摄摩腾和竺法兰的古墓。

篆书 汉字的一种书体，是大篆、小篆的统称。大篆指甲骨文、金文、籀文、六国文字，有古代象形文字的特点。小篆是大篆的简化体，其特点是形体匀逼齐整、字体容易书写。

螭首 螭为古代传说中的一种动物，属传说中的蛟龙类。龙为炎黄子孙最崇拜的神兽，把它装饰在碑头上成为螭首，碑的身价就变得更为高贵。

白马寺内大雄殿

这《白马寺六景》的草书诗文刻石，现嵌于摄摩腾殿外，殿门以南壁间，高0.41米，宽1.27米。立于1712年。其碑文如下：

清凉台

兰台画阁碧玲珑，皓月清风古梵宫。

石磴高悬人罕到，时闻爽籁落空蒙。

焚经台

榆档贝文是也非，要从烈焰定真机。

虚空说偈人西去，剩有荒台锁翠微。

齐云塔

风回铁马响云间，一柱高标绝陟攀。

舍利光含秋色里，峥嵘直欲压嵩峦。

夜半钟

古寺云深藓径封，离离百八动千峰。

洛阳多少卢生梦，枕上惊回第几春。

腾兰墓

堂封对峙依林隈，断碣模糊长绿苔。

金骨流香天地永，不随人世化飞灰。

断文碑

笔锋磨灭失真踪，天妒奇文薜尽封。

会有秋风生怒雨，森森鳞鬣起蛟龙。

在《白马寺六景》刻石立好的第二年，如琇和尚的同窗孙云霞来到白马寺游玩观赏，他看见如琇的《白马寺六景》刻石后，非常高兴，便在摄摩腾殿外，殿门以北壁间，与如琇和尚的《白马寺六景》石刻相对处，刻上了一方高0.41米，宽1.31米的《和颍白马寺六景》诗文刻石。在同一年，孙云霞还把如琇的维修事迹撰文并刻成碑亭《重修毗卢阁碑记》立于清凉台上，毗卢阁前西侧。

此碑亭高2.39米，宽0.71米。碑额则为"曹洞正宗三十一代香山德莹"所篆书。文中有"白马寺，佛事之鼻祖也；清凉台，白马寺之天皇也"以及"如琇，字颍石。培之和尚高足，传临济三十有五代正宗也"等语句。

经过修整后的白马寺焕然一新，再次吸引众多僧人和百姓前来学法和朝拜。但是，随着后来各方面因素，到20世纪初，白马寺又变得破败不堪，多亏人们捐资重修，才使白马寺中的建筑得以保存下来。

阅读链接

在如琇和尚的《洛京白马寺祖庭记》碑正中间，有一条明显的横向裂纹，将整方碑石截为上下两段。有人以为，所谓"断文"，即指此裂纹而言，这自然是一种误传或误解。其实，白马寺真正的断文碑是指苏易简撰写的《重修西京白马寺记》石碑。

新时期进行的修复和增建

　　新中国成立后，党和人民政府非常重视文物的保护，尊重信仰自由。先后于1952年、1954年、1959年多次拨专款重修。1959年郭沫若参观白马寺，曾留下了"白马驮经印度来"一首"七律"作为纪念。1961年，国务院确定白马寺为全国重点文物保护单位。

山门外石牌坊

■ 山门前的石雕马

　　1972年，周恩来亲笔批文，从故宫调拨一批文物给白马寺，同时对白马寺进行了大修。这一次重修，前后持续10年，使千年古刹，面貌为之一新。

　　1978年后，国家落实宗教政策，开放寺院，恢复佛事活动。

　　1984年，白马寺正式移交洛阳市佛教协会和僧人管理。重修后白马寺山门外总占地面积23亩，面向国道有四柱三间石牌坊一座，过牌坊即放生池，有三石拱桥跨池南北，池周围石栏环绕，水中鱼吮残红，善男信女可临池放生。左右两侧绿茵铺地，中心设花池，形成一种风格自然的人间净土。

　　进入石牌坊，在山门前左右两侧各立一匹青石圆雕马，做低头负重状。相传，这两匹石雕马原在宋太祖赵匡胤之女永庆公主驸马、右马将军魏咸信的墓

驸马 我国古代帝王女婿的称谓。又称帝婿、主婿、国婿等。因驸马都尉得名。汉武帝时始置驸马都尉，驸，即副。驸马都尉，掌副车之马。

净土 是指清净国土、庄严刹土，也就是清净功德所在的庄严的处所。净土思想在现世人间中，具有积极的意义与价值，也是修行的重要法门。

■ 宋太祖赵匡胤（927年—976年），北宋王朝的建立者，出生于洛阳夹马营，祖籍河北涿州。960年，他以"镇定二州"的名义，领兵出征，发动陈桥兵变，代周称帝，建立宋朝，定都开封。在位16年。在位期间，加强中央集权，提倡文人政治，开创了我国的文治盛世，是一位英明仁慈的皇帝，是推动历史发展的杰出人物。

前，后由白马寺的住持德结和尚搬迁至此。

1995年，寺院又在清凉台两侧建筑了法宝阁和藏经阁。

法宝阁位于清凉台左侧，竺法兰殿背后，阁的台基高5米，东西长25.2米，南北宽22.5米，台基为钢筋水泥架构，形成阁的下室。法宝阁台基上建五开间的重檐歇山式大殿，东西长18.5米，南北宽12.95米。

法宝阁内供奉着印度前总理拉奥于1993年赠送的高1.5米的释迦牟尼青铜立像。同时，该宝阁内还珍藏着数十种法宝。

藏经阁位于清凉台右侧，摄摩腾殿背后，台基上建五开间的重檐歇山式大殿，藏经阁内正中供奉有泰国佛教界送给白马寺的"中华古佛"。

相传，世界上仅有两尊造型奇美，大小如拇指的佛像，这两尊佛像是东汉时期白马寺敬造的，后流落民间。又由民间流传到西域，再传至南亚，后来便流落到泰国，被泰国博物馆和泰国一富商收藏。

为了加强中泰两国佛教界的友好往来，泰国将此

鎏金 即镏金，古代金属工艺装饰技法之一。用涂抹金汞齐的方法镀金，近代称"火镀金"。这种技术在春秋战国时已经出现。汉代称"金涂"或"黄涂"。鎏金，亦称"涂金""镀金""度金""流金"，是把金和水银合成的金汞剂，涂在铜器表层，加热使水银蒸发，使金牢固地附在铜器表面不脱落的技术。

佛复制放大至0.97米，并用铜鎏金制成两尊，在北京广济寺由中国佛教三大语系的高僧共同主持开光。一尊迎回到泰国，由泰国信徒供奉，另一尊归释源白马寺供奉。

此外，藏经阁还收藏《龙藏》《中华大藏经》《日本大正经》《西藏大藏经》《敦煌大藏经》等藏经，是白马寺僧人阅藏修学的地方。

除了法宝阁和藏经阁，还补修了卧佛殿、玉佛殿和六祖殿等，这里就不一一介绍了。

2001年1月，白马寺被国家旅游局命名为首批4A级景区。从此，白马寺又迎来了新的发展历程。

由于白马寺是佛教从印度传入中国后的第一座官办佛寺，为此，它在中印佛教交流史上占有重要的地位。于是，经过中印签订协议，2005年4月，寺内主

开光 是一种宗教仪式，最初来自道教，开光就是把宇宙中无形的、具有无边法力的真灵注入到神像中去，神像也就具有无边法力的灵性。故而开光是神像被供奉后，必不可少的仪式。佛教本来没有开光，但有种佛像加持的仪式，跟开光差不多，流传到现在，就都统统叫开光了。

■白马寺藏经阁

白马寺古画收藏

持又请来工匠在白马寺修建了一座印度风格的佛殿。

如今的白马寺，晨昏礼佛诵经，焚香拜佛，严守戒律，每逢农历四月初八的佛诞节、七月十五的盂兰盆会、腊月初八的成道节等佛教节日，都举行大型的佛事活动。寺内僧人上下和敬，学修并进，海众参拜，蔚成风气，可谓名副其实的中国第一古刹。

草誉中外的佛教寺院

阅读链接

1989年，在白马寺方丈海法法师的努力下，经洛阳市宗教局、市佛协同意，海法法师组织人员修复了白马寺外东侧的齐云塔塔院。1990年，齐云塔院作为河南第一所比丘尼道场修复开放。现有尼众30余人在此修学佛法。

齐云塔院被批准为比丘尼道场后，由于僧人们没有一个举行佛事活动的场所，白马寺方丈海法法师又组织人们捐献资金，策划筹建齐云塔院的大雄宝殿。

这大雄宝殿于2005年8月动工，2007年2月告成，共耗资300余万元人民币。大殿建在长30米，宽24.5米，高1.6米的高台上，共三层。中层面阔七间，长28米，进深5间，宽23米，高17米，重檐歇山顶。整座大殿巍峨壮观，气势恢宏。

少林寺

　　少林寺，又名僧人寺，有禅宗祖庭、天下第一名刹之誉。是我国汉传佛教禅宗祖庭，始建于496年。由于其坐落嵩山的腹地少室山下的茂密丛林中，所以取名"少林寺"。有少林寺院、塔林、达摩洞、初祖庵等景点，更拥有传承千年的少林"禅、武、医"文化。如今，少林寺景区是国家旅游局首批5A级旅游景区，并被联合国列入世界文化遗产名录。

孝文帝为跋陀建寺院

■ 少林寺壁画

南北朝时期，鲜卑族拓跋氏统一了长江北岸，建立了北魏王朝。到第六代孝文帝拓跋宏继位后，北魏经常受到南朝的侵扰，这让孝文帝非常苦恼。

490年初，一位来自印度的僧人跋陀到了我国。跋陀又译为佛陀、僧伽佛陀。据说，跋陀出家后，一面学习禅观之法，一面漫游各地。后来与他共同修炼的5位道友先后都已修得正果，只有他无所收获，因此，他

■ 丝绸之路群雕

想自杀了却此生。

这时，跋陀的一位得道朋友劝导说："修道要有机缘。你与震旦很有缘分，为什么不到那里去修炼呢？"震旦是当时印度对我国的古称。

道友的话让跋陀茅塞顿开，于是跋陀开始随朋友游历各国。他们先西行，到过东罗马帝国。然后，又沿着丝绸之路东行，经过西域诸国，来到佛法兴隆的北魏国都平城，也就是山西省大同市。

跋陀来到平城后，并没有立即拜见孝文帝，而是四处寻找可以安身的地方。当时，平城城内有一位姓康的富翁，特别爱好佛法。他特地为跋陀建了一所小寺院，为此跋陀便开始在这座小寺院内坐禅。

有一次，孩子们从门缝中看见室内似乎起了火，惊慌地报告了康家主人。但当人们赶到时，却只见跋陀依然在室内潜心坐禅。于是人们议论跋陀禅法玄妙，说他已经得道了。

跋陀高僧得道的"奇事"很快传遍了北魏国都，

丝绸之路 是起始于古代中国的政治、经济、文化中心古都长安，连接亚洲、非洲和欧洲的古代商业贸易路线。它也是一条东方与西方之间经济、政治、文化进行交流的主要道路。它的最初作用是运输中国古代出产的丝绸。因此，最早在19世纪70年代，被德国地理学家命名为"丝绸之路"后，即被广泛接受。

北宋时洛阳城

并传到了孝文帝那里。于是，孝文帝便亲自去康家人修建的小寺庙里向跋陀寻求帮助。

跋陀一见孝文帝，便胸有成竹地纵论天下大势，还出了四条改革方略：

一是彻底清除先皇太武帝灭佛造成的余悸，在北魏的地盘上广建塔寺，广度僧尼，开导民俗，以揽民心，还要亲自带头皈依佛门，亲览佛经，使天下人思定思安。

二是彻底推行均田制，使天下万民人人耕有田、食有粮，才能使民心安定。

三是普天之下汉民最多，服天下的关键，就是要服大汉人之心。要使汉人臣服，就必须尊重汉人的习俗和礼仪，在宫廷之内开办汉学，学习大汉民族文化，允许鲜卑女嫁汉，各民族一律通婚。尤其皇室要带头穿汉衣、行汉礼、说汉话、改用汉姓，才能同汉人不分彼此和睦共处，大开统一天下的方便之门。

四是要迁国都于国之中心洛阳城，不能像现在这样偏居一隅。让天下人都能看出大魏有统一天下之志，才能使天下人心归一。

孝文帝听了这四条计谋，甚感佩服，他便一一按照跋陀的指点来做。首先，他亲自带头皈依佛门，穿汉衣、说汉话，然后，他又把自己的姓氏拓跋氏改为元氏，更名"元宏"，并派人去洛阳建立都城。

再说，孝文帝和跋陀建立起很好的友谊之后，便立即为跋陀在平城"别设禅林，凿石为龛"，供给资供。

495年，孝文帝为了进一步推行"汉化政策"，迁都洛阳，跋陀也随之南迁，来到河南洛阳。孝文帝在洛阳为跋陀设立了"静院"，以供禅修，可是跋陀喜好清净，多次前往嵩山隐修。于是第二年，孝文帝又在少室山为跋陀建寺院，寺庙建成后，孝文帝又亲自陪同跋陀前去观看，并且为其取名"少林寺"。

据僧人慧立和彦惊著的《大慈恩寺三藏法师传》及《皇唐嵩岳少林寺碑》的记述可知：新建的少林寺美丽、宽敞而清幽。这座寺庙依照西高东低的山谷布列，分为"上方"和"下方"两大部分，共有12个院落。它的主体建筑有雄伟的"舍利塔"和塔北侧的"翻经堂"，现在少林寺西墙西边的"甘露台"，就是当年舍利塔的塔基，翻经堂应该在甘露台的北侧，现在已经无遗迹可寻了。

少林寺石牌坊

据说，少林寺里的这个"甘露台"也是有故事的。跋陀入住少林寺后，就一边传法一边翻译经书。在翻译经书时，跋陀非常辛苦，也非常专心，对于夏天蚊虫的叮咬和冬日刺骨的寒风，他全然不顾，忘记吃饭和睡觉也是常有的事情。

跋陀的这种精神感动了上天，就在土台这个地方连续降下了几次味道非常甘甜的露水，自此以后，这个土台就有了"甘露台"这个名字。

当然，当年的跋陀不可能只是在这样的一个土台上翻译经书。据旧《少林寺志》记载，当时的甘露台上有三间殿式建筑，后遭火焚毁。

甘露台西侧约50米处，有一条南北走向的水沟，

■ 少林寺塔林

河南嵩山少林寺

应是寺院的西界，即碑文所说"西缘长涧，夹松柏之潇森"的地方。

舍利塔往东，有跋陀等人供佛、做法事的"普光堂"。堂内曾供奉了艺术价值很高的一组泥塑彩绘，即一佛、二弟子、二菩萨；堂门外有二神王、二力士、二狮子并二狮子郎的塑像。

这组佳作，是博士李雅等人在永平年间塑造的，奇妙无双。武则天曾下令将二神王、二狮子及二狮子郎像制成脱纱塑像，迎入皇宫内供养。700年，这组塑像又被送往洛阳大福先寺，后经少林寺寺主义奖的请求归还少林寺。

从"普光堂"往东，是"塔院"，原来建有埋葬跋陀的"遗身定塔"。其位置相当于今少林寺的"西塔院"。隋代大业末年，"群贼以火焚之，不燃，远近珍异"，可知原为一座木塔，不知何时毁掉。

"塔院"以东的北魏建筑具体是什么，古书上并没有记载。但现在存于少林寺东墙外北侧的同光禅师塔，标示出少林寺"东界"的位置在此以西。

少林寺的北界，在五乳峰山脚下；南界为少溪河，这都是天然的界限，故自古有"清溪锁少林"之谚。

再说，孝文帝组织修建少林寺建成后，各地善男信女慕跋陀之名常聚集于少林寺，人数达数百人之多。跋陀一面教弟子们坐禅，一面又辑出一些经义，供弟子们学习，少林寺蔚然成为禅学的一大中心。

据史书记载，跋陀在建寺后曾对弟子们说："此少林精舍，有特别的神灵护卫着它；立寺之后，永不消灭！"

跋陀年迈以后，不再参与僧伽活动，一切委诸学徒，自修成业，他本人则移至寺外一间小屋养老。他觉得有一善神，常常伴随他，守护他。

所以临终前，他在屋门上亲手画了善神之像，据记载，直至9世纪，这屋门上的神像还保存着。

跋陀是一位灵感极多的画家，他所画的"佛林国人物图""器物样"及"外国兽图"，一直流传至唐朝末年。

作为少林寺的创立者和第一位住持，跋陀在寺内翻译了他从印度带来的《华严》《涅槃》《维摩》《十地》等经，并收有弟子慧光、僧稠等人。

誉誉中外的佛教寺院

阅读链接

关于跋陀有很多传说，通过广泛流传并且记入少林寺门前石碑的"跋陀开创"中的一个传说，可以了解跋陀一二。

石碑上记载：跋陀，又名佛陀、僧伽佛陀，原本是东天竺人，他6岁死了父亲，就跟着母亲以纺织为生。有一年，母亲出外贩卖布匹，认识了一位和尚，便让儿子皈依他做了弟子。传说，跋陀从师念佛，心底十分虔诚，一天竟能熟背300多颂，很受师父器重。

禅宗祖师修行达摩洞

在跋陀开创少林寺若干年后，一个叫菩提达摩的僧人来到嵩山。

达摩是一个被赋予很多传奇色彩的高僧。他本来姓刹帝利，名叫菩提多罗，是南天竺香至国香玉王的第三个儿子，人们通常就叫他刹帝利·菩提多罗王子。

他十几岁的时候就已经文武双全，父亲香玉王十分喜欢他，并准备将他培养成为国家的栋梁之才。但谁也没有想到，他后来竟成为功德无量的佛门弟子。

达摩自幼拜释迦牟

高僧达摩的塑像

天竺 是古代我国以及其他东亚国家对印度和其他印度次大陆国家的统称。天竺历史上相继出现四大帝国：孔雀帝国、笈多帝国、德里苏丹国和莫卧儿帝国。我国历史上对印度的最早记载在《史记·大宛传》，当时称为身毒。

香至国 又叫婆罗门国、波斯国。是古代印度一个国家。地址在今印度曼尼普尔一带，或为今阿萨姆北部以西以至于恒河流域，是我国古代东西交通重要地。

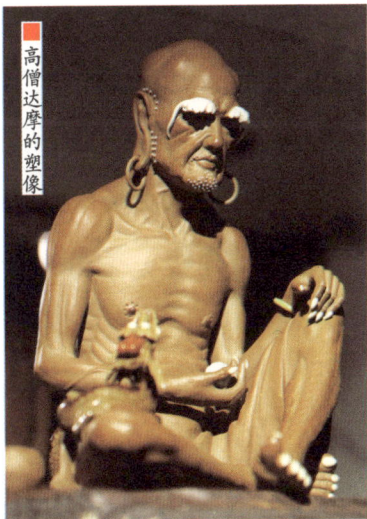

圆寂 佛教用语。梵语的意译，音译作"般涅槃"或"涅槃"。是指僧人死后升天，以此求得功德圆满。佛教认为，修行理想的最终目的便是圆寂，所以，在僧人死后都被称为圆寂。

尼的大弟子摩诃迦叶之后的第二十七代佛祖般若多罗为师，师赐其法名叫菩提达摩。达摩谨遵师训，待师父圆寂后67年，他动身来到我国。到我国后，梁武帝萧衍立即派使臣把达摩接到皇宫，为其接风洗尘，宾客相待。

武帝是一个佛教小乘派信徒，主张自我解脱。达摩是禅宗大乘派，主张普度众生。由于他们的主张不同，每谈论起佛事，二人总是不投机。这时达摩感到南京不是久留的地方，于是便告辞萧衍，渡江北上。

当时，我国有个高僧，名叫神光，当地群众称赞说"神光讲经，委婉动听，地生金莲，顽石点头"。所以，每次他讲经说法时，听讲者都围得水泄不通。

■少林寺达摩石刻

此时，神光正在金陵雨花台讲经说法，他发现达摩从此经过，便匆匆结束了讲座，去追达摩。

神光跑到江边，远远看见达摩正脚踩着一根芦苇渡过江去，神光也想用芦苇渡江，却险些掉进水里。顿时，神光对达摩生出万分敬意，知道此人定是一位高人，就打定主意追随。

当然，关于达摩用芦苇渡江的故事可能只是一个传说，为了让后人知道这个传说，人们特意在少林寺方丈室内的墙上挂起了一幅"达摩一苇渡江图"。

再说神光找到渔船过江，追到达摩后，他毕恭毕敬地说："请圣僧前往嵩山，住持少林，弟子愿为您领路。"

达摩却不理他，只管走自己的路，神光也紧追不舍，一路上对达摩细心侍奉。不久，两人就来到了魏京洛阳城，城内有座永宁寺，十分豪华。尽管达摩很喜欢这里，但他的"大乘"佛法却不为当地人所了解。最后他便跟着神光一路跋涉赶到了嵩山少林寺。

此时，少林寺的开山祖师跋陀早已圆寂升天，他的几位有为的弟子如慧光等人也下山四处云游去了。但大家一听说达摩是从西天来的高僧，还是很热情地将他迎入寺中款待，过了几天，达摩刚从远行劳顿中恢复过来，僧人们就请他坐堂讲经，洗耳恭听。

但让达摩失望的是，跟其他寺院一样，少林寺僧人修习的也都是"小乘"佛法。僧人们对他的"大乘"佛法纷纷不以为然，还常常给予诋毁和讥谤。

达摩觉得这些人暂时不可理喻，让他们接受"大乘"之说尚需时间，就离开了少林寺，往后山五乳峰走去，神光还是紧紧跟随着他。

达摩爬到了五乳峰中峰之上，很快就找到了一个离五乳峰绝顶数十米处，深约5米，宽约3米的天然石洞，这就是后来的达摩洞。

■ 达摩一苇渡江图

金陵 是南京的别称，亦是南京久负盛名的称呼，南京这座著名的古都在漫长的历史中曾经有过很多名称，其中最响亮的莫过于"金陵"，并一直沿用至今。

雨花台 位于南京市中华门城南，它是一座松柏环抱的秀丽山冈。传说，神光法师在此设坛讲经，感动上苍，落花如雨，雨花台由此得名。

据说，达摩在这个洞里一直待了9年，由于这个洞的洞口十分狭小，原先光线从洞口射进来，恰好就照在洞内西壁上，但达摩入住以后，常常在距洞口不远处禅坐，日复一日、年复一年，西壁上竟然出现了一个如同墨画一样的面壁姿态的坐像。

这块影石被少林弟子视为达摩成佛的象征，成为少林寺中的传世奇宝，但据说在清代中叶的时候，僧人们把它凿下来移入寺内藏经阁保存，在后来的一次大火中，影石与藏经阁同时被毁。

神光本是跋陀的弟子，在达摩去石洞以后，他一边向达摩学法，一边不断地借机会向师兄弟们讲述"大乘"教义。逐渐地，大家对达摩和他的"大乘"之说的态度发生了转变，后来竟都跟着神光拜达摩为师，每天在达摩洞外学法。

不知不觉很多年过去了，此时少林寺的僧众几乎都已经成了"大乘"门徒，大家也就隆重地把达摩请进了寺内。这样，达摩就理所当然地做了跋陀之后的第二代少林寺方丈住持。

菩提达摩在少林寺所传授的禅法是"二入四行"的大乘禅法，他把整个佛法概括为理入和行入两个方面。其中，达摩禅法的"行入"指的是"四行"，即：报怨行、随缘行、无所求行、称

二入四行 是达摩禅法的核心内容。又以"壁观"法门为中心。所谓"壁观"应指"心如墙壁"，即心静如墙，而非传说中的面壁而观。

■ 达摩洞内的达摩塑像

法行。

达摩禅法的理论基础是般若性空的思想，此外，也融会了《楞伽经》《涅槃经》的佛性思想。

达摩在少林传法后，我国佛门内很快就以少林寺为中心，掀起了一场改革，讲求"普度众生"的"大乘"佛法逐渐向全国弘扬开去。

少林寺因此被誉为"大乘胜地"或"禅宗祖庭"，以及"天下第一祖庭"。达摩也被尊为"禅宗初祖"或"禅宗祖师"。

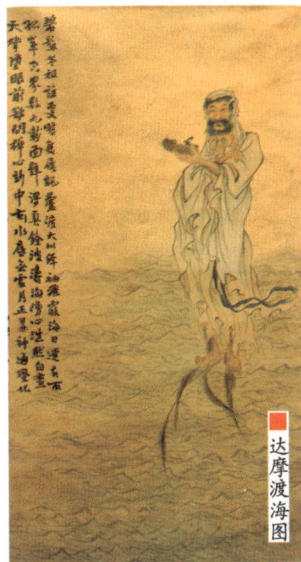
达摩渡海图

阅读链接

据说，关于达摩与佛门的结缘，这里还有一段佳话：

一天，般若多罗尊者路过王宫，看见了菩提多罗，尊者算出菩提多罗的前世因缘，便叫他同两个哥哥分辨其父亲施舍的宝珠，以试探他。

尊者拿出宝珠对香玉王和3个王子说："这颗夜明珠又圆又明，世间罕有，还能有超过它的吗？"香玉王和另外两个儿子想了半天，答不上来。

这时，刚满17岁的菩提多罗说："这颗珠子虽然宝贵，但还不能算最为上品。要说明，心明最上；要说宝，智慧最宝；要说高，众生最高；要说圆，功德最圆；要说贵，觉悟最贵；要说大，佛法最大。"

般若多罗尊者闻听此话，知道这位聪颖过人的三王子对佛理已经有了很深的领悟，正是自己要寻找的传人，就对他念了几句偈语："心底含佛种，因事复生理，果满菩提圆，华开世界起。"说罢双手合十辞去。后来，菩提多罗在父亲死后不久拜般若尊者为师，行了削发剃度大礼，正式成为佛门弟子。

慧可为求法雪中断臂

入定 即入于禅
定。有时得道者
的示寂，也称为
入定。定为三
学、五分法身之
一，能令心专注
于一境。可区分
为有心定、无心
定等。

前面我们说过，达摩禅师去达摩洞里坐禅时，只有神光一人陪伴他，但是，尽管神光默默地陪伴了达摩很多年，达摩却一直没有正式收神光为徒。

这是为什么呢？原来，神光自幼学习儒学，后来又跟着父母学习道教，20多岁时又正式拜了跋陀为师，为此，他熟悉儒学、道学和小乘佛教，达摩觉得他学教太多，担心他弄混淆了，便一直不相信他。

后来，达摩差点遭人害死，多亏神光相救，达摩才收神光为徒，并为他取了"僧可"的法号。

神光拜达摩为师之后，又学了6年的大乘佛教，此时的神光已对禅学有了很深的理解。一天他把对禅学的理解写到纸上，被达摩发现，达摩看后非常高兴，认为神光非常智慧，已经深刻领会了佛理，并把他的法名由"僧可"改为"慧可"。

法号 佛教术语，
指归依佛教者所
特取的名字。即
出家众于剃度仪
式举行过后，或
在家众于归依三
宝、受戒时，或
生前未归依、受
戒的在家人殁后
于葬仪时，由师
父授予的名号。

禅宗祖庭
少林寺

少林寺立雪亭

但直到这时，达摩还没有完全信任慧可，仍怕慧可把道学、儒学和小乘佛教混入大乘禅学之中，所以还不想把自己所领悟的佛理传给慧可。

后来，达摩离开面壁洞，走下五乳峰，回到少林寺，料理日常的佛事活动，慧可又跟随师父从山洞回到寺院。

一个冬天的上午，达摩在后院一个亭子里坐禅，慧可依然矗立在亭外，双手合十以待。谁知，夜晚达摩入定以后，鹅毛大雪铺天盖地压了下来，不一会儿，大雪淹没了慧可的双膝，但是慧可仍然双手合十，兀立不动，虔诚地站在雪窝里。

第二天一大早，达摩结束坐禅，他走到门口一看，慧可在雪地里站着。达摩问道："你站在雪地里干什么？"

慧可答道："向师父求法。"

儒学 亦称儒家学说，起源于东周春秋时期，为"道家""墨家""法家""阴阳家"等诸子百家之一，汉朝汉武帝时期起，成为我国社会的正统思想，如果从孔子算起，绵延至今已有2500余年的历史了。

达摩沉思片刻说："要我给你传法，除非天降红雪。"

慧可听到这话，知道达摩仍然在担心自己把道教、儒教和小乘佛教混入大乘禅学，就决定断臂以表决心。于是他毫不犹豫地抽出随身携带的戒刀，向左臂砍去，只听"喀嚓"一声，一只冻僵了的胳膊落在地上，鲜血染红了地下的积雪和慧可的衣衫。

达摩大师被慧可的虔诚和决心深深感动，后来，他把大乘佛教的一部重要经典《楞伽经》正式传给慧可，并在离开少林寺前，把自己的衣钵传给慧可。为此，慧可成为我国的禅宗二祖。

后来，人们为了纪念慧可，特意在他断臂的地方修建了一座立雪亭，还在他修行的地方修了一座二祖庵。

少林寺的立雪亭，也叫达摩亭，建于明代，1980

享誉中外的佛教寺院

■ 立雪亭前台阶

■ 少林寺二祖庵

年重新修缮，位于少林寺主体建筑方丈室后。

立雪亭台基高2丈，深阔各3间，殿内神龛中现供奉着1531年所铸的达摩祖师铜坐像。龛上悬挂的匾额"雪印心珠"四字为清乾隆皇帝御笔亲题，字体遒劲、气势豪迈。

少林寺的二祖庵是少林地区地势最高的一座古建筑。据旧志记载，此庵创建的年代大致是在北宋后期，以后在明嘉靖、万历、天启、崇祯及清康熙、道光时曾修。

新中国成立后，在1988年又重修了二祖庵大殿，1990年又在原山门处建门庭式简易门一座，并重建了围墙。

二祖庵院内有古柏多株及四眼古井。这四口井呈斜正方形分布，每两口井相距10米，传说这四口井是达摩为二祖慧可卓锡而成。

传说，慧可断臂后由于伤势严重，使他坐卧不

卓锡 卓，植立。锡，锡杖，僧人外出所用。锡杖又名智杖，即是德杖。法师云游时皆随身执持锡杖。因此名僧挂单某处，便称为"住锡"或"卓锡"，即立锡杖于某处之意。

■ 少林寺古井图

锡杖 为比丘行路时所应携带的道具，属比丘十八物之一。梵名音译作吃弃罗、吃吉罗、隙弃罗。其形状分三部分，上部即杖头，由锡、铁等金属制成，呈塔婆形，附有大环，大环下亦系数个小环。摇动时，会发出锡锡声。中部为木制；下部或为镎、镈、铁等金属所造，或为牙、角造。

宁，经行不成。为了让慧可尽快养好伤，达摩祖师就亲自送慧可到少林寺西南的钵盂峰上养伤、坐禅，并让慧可的弟子觉兴侍奉。

这钵盂峰上靠近少室山的山崖边有一块大石头，很平坦，于是觉兴和慧可就在石头上搭起了一座茅庵，这就是少林寺二祖庵的前身。

安顿好一切，慧可便在钵盂峰上静心坐禅养伤。可是，这钵盂峰环境虽好，就是没有水，10天后，达摩禅师来看慧可，在庵前的空地上用锡杖一扎，只见一股泉水涌出地面，觉兴和慧可一尝，井水是苦的，可是慧可喝了之后，就觉得伤口不那么疼了，他天天喝这苦井水，肿胀也逐渐消失。

过了21天，水井里的水喝干了。达摩第二次上山来，就在苦水井右边又扎了一眼井。觉兴一尝，是辣的，慧可说，辣能温中解表，不饮辛辣水怎知苦中辛。慧可喝了辣井水，面色红润，坐禅之余还能独臂练武呢！

又过了28天，辣井里的水也喝干了。达摩第三次上山，看了看慧可的伤，高兴地说："好！苦辣将尽，酸甜即来。"他临下山时又扎了一眼酸水井。

转眼冬去春来，一天，达摩又来看慧可，他检查了慧可的伤口，说"百日劫数已过"，便又用锡杖扎了一口甜水井。因这四口井是锡杖扎的，因此这井也被称为"卓锡得井"或"卓锡泉"。

据旧志载，这四口井水味各异，因此当地群众称之为"苦、辣、酸、甜"四眼井。

再说，慧可在钵盂峰上修炼了几年，吃尽了苦辣酸甜各种滋味的他对佛学的悟性有了很大提高。他在钵盂峰上日夜苦读《楞伽经》，并很快对经中的内容融会贯通，掌握了其中的精髓。

然后，慧可又把经书翻译成汉文，并把对《楞伽经》的领悟传给了他的弟子僧璨，自此之后佛门禅宗就延续不断地传了下来。

《楞伽经》 产生于公元前6世纪古印度的佛教。楞伽经佛教在纪元前后开始传入我国，在与我国传统文化经过长期的交汇、融合后，逐渐发展和演变成了具有中国民族特色的中国佛教，形成了众多的宗派，表现出百态纷呈的局面。

僧璨 又作僧粲，生卒年及事迹不详，为我国佛教禅宗三祖，曾跟随二祖慧可学佛数年。三祖在入寂前，传衣钵于弟子道信为禅宗四祖。据说他曾著有《信心铭》传世，但经考证，《信心铭》的真实作者应是牛头法融。

阅读链接

对于下红雪，还有另外一个传说故事，说慧可断臂后，观世音菩萨非常感动，便洒下一块红绫，把整个寺院罩住，达摩睁眼一看，天空变成了红色，真以为下了红雪，便把慧可换进亭内，达摩深受感动，便把衣钵法器传给了慧可。

清乾隆皇帝瞻游中岳时，对"立雪断臂"的故事颇有感触，遂挥毫撰写"雪印心珠"匾一块，悬挂于立雪亭佛龛上方，以戒后生：佛业来之不易。

高僧达摩始创少林功夫

少林寺人物雕塑

少林功夫是我国汉族武术中体系最庞大的门派，武功套路高达700种以上，又因以禅入武，习武修禅，又有"武术禅"之称。那么，你知道少林的功夫是谁创造的吗？此人便是达摩禅师。

据说，达摩刚到五乳峰时，饥了以柏籽、山果为食，渴了以山泉、积雪为饮，日子过得十分清苦。不止如此，他还要常常面对山中的猛兽与毒蛇，以及不怀好意之人的袭击，而自己整天壁观静坐，在精神和肉体上，也常常会有过度的萎靡和疲困。

少林寺碑帖

为此，达摩便经常走出洞外习练武功，但在五乳峰上既没有场地，也没有器械，他就只好在洞口宽不过数尺，长不过丈的空地上光着两手伸展肢体，当然，他有时也会折根短棒当作武器。

达摩很有习练功夫的天赋，他模仿虎跃、龙游、猿攀、鹰翔、猫穿、狗闪、鸡立、兔滚、蛇缠等动物擅长的动作，仔细研究打击虎、狼等猛兽要害部位的办法，逐渐有了不少心得。

后来，弟子慧可又为他带了一本东汉末年神医华佗所著的《五禽戏》，达摩大受启发，结合自身的体会演练，竟然创制出了18种定型的动作，起名曰"罗汉十八手"，后来又逐渐研习成了一套"心意拳"和"罗汉棍"。

在我国后来的文学与影视剧中，为各路英雄争相抢夺的少林武功秘籍《易筋经》，相传也是达摩所创，又称《达摩易筋经》。

现在，少林功夫有一个显著的特点就是"拳打卧牛地，出手一条线"，不受场地大小的束缚，可以在狭小的空间里发挥自己武艺的威

■ 少林拳雕刻

力，所有套路起落、进退、收纵，都要求在一条线上。据说，这与达摩当时初创武功的场地条件限制有关。

由此，人们千百年来一直传颂着一种说法，达摩不仅是佛门禅宗之祖，也是少林武术的创始人。

后来，达摩的这套健身术，经历长期演练、综合、充实、提高，逐步形成了一套拳术。共达百余种，武术上总称"少林拳"。

南北朝以后，随着社会的进步和形势的需要，要求少林武功向精湛方面发展，开始实行了有组织的、严格的僧兵训练。每天很早的时候，师僧们同起而习之，冬练三九，夏练三伏，四季不断，苦练武艺。

隋唐之际，少林武功已享盛名。北宋时期，宋太祖赵匡胤喜爱拳术，而且不少拳法，是他创造的，曾将他的拳书藏于少林寺。

僧兵 又称法师武者。即执兵杖从事争斗之僧侣或其集团。据史书记载，僧兵起源始于北魏时代。北魏世祖西伐至长安，见寺内藏有弓、矢、矛、盾，大怒，遂诛长安之沙门，焚毁佛像。

到了金末元初之际，少林拳有了较大的发展。少林派拳术大师白玉峰、觉远、李叟等人，精心研究少林拳法，并注意拳法的整理和传授。他们将少林拳中的"罗汉十八手"发展为七十二手，以后又发展到一百七十三手。

五代十国末年，高僧福居，特邀18家著名武术家，到少林寺演练3年，传授拳法。明代抗倭名将俞大猷，也曾到少林寺传授棍术。少林寺僧，通过博采百家精华，发展了少林武功。

明代以来，少林寺的演武之风更是极其兴盛。少林功夫就这样一代一代绵延至今。

据史籍记载，达摩初祖在少林寺传法慧可之后，即到熊耳山下的空厢寺传法5年，于536年圆寂。众僧徒悲痛至极，依佛礼将初祖大师葬于空厢寺内，并修建了达摩灵塔和达摩殿。梁武帝萧衍亲自撰写了"南朝菩提达摩大师颂并序"的碑文，以示对达摩大师创立禅宗的纪念。

后来，人们为了纪念菩提达摩，在位于嵩山少室山五乳峰下的小土丘上，距少林寺1.3千米处，又修建了一座初祖庵。因为达摩在世时

空厢寺 位于陕县西李村乡的熊耳山下，据清朝和民国的《陕州志》记载，佛教从东汉永平年间，也就是公元58至75年，传入陕州时，修建了空厢寺，距今已1900多年，是与中国第一古刹白马寺同一时期的佛门圣地。

■ 少林寺药房

常游化于嵩山和洛阳之间，修禅的主要方式是面壁静坐，所以此庵又称作"达摩面壁之庵"。

据历史书籍记载，少林寺的初祖庵修建于1125年，至今仍然保持着初建时的面貌。

据说，此庵修好后，人们还在初祖庵旁修建了一座"面壁之塔"，但在后来均毁于兵火。至今寺内仅存有一面"面壁之塔"的石额作为当年的历史依据。另外，在少林寺内还有当时的古碑40余通。

现在少林寺的初祖庵是新中国成立后，在明代重建的基础上重新整修的。经过重修后的初祖庵，新建围墙，恢复了完整的院落，庵中建筑有山门、大殿、面壁亭、千佛阁等。

初祖庵山门又称三门、迦蓝祠。山门面阔3间，进深两间，通高6.9米，为单檐悬山式建筑。在山门内、大殿前的甬道东侧有参天古柏一棵，传说是少林禅宗六祖慧从广东带回亲手种植的。

初祖庵大殿又名初祖殿，在山门后的中轴线上。大殿面阔三间，进深三间，大殿全部用八角石柱承重。初祖殿门有砖雕对联：

在西天二十八祖；
过东土初开少林。

千年名刹

享誉中外的佛教寺院

■ 少林寺内古柏

初祖庵大殿是河南尚存最早木结构建筑之一，殿内雕刻和造像都是创建时所刻，是少林寺石刻中的珍品，也是我国石刻艺术的宝库之一，具有重要的建筑价值和艺术价值。

初祖庵面壁亭建于清代，位于大殿之后的台地上甬道两旁，两座形制相同，亭子呈方形，是砖木结构。初祖庵内的千佛阁为明代初祖庵住持福元创建。内供达摩，并供观音菩萨像。

少林寺内初祖达摩塑像

此阁殿房四周有石刻40多方，其中比较著名的有宋代诗人黄庭坚的《达摩颂》；宋代书法名家蔡卞的《达摩面壁之庵》；明代刻碑《达摩面壁图》及明成化年间梵文《陀罗尼经》等。

祖庵山三面都靠着深沟，背部依靠着五乳峰，建筑群虽然不算大，却给人以深刻印象。

1996年，国务院公布初祖庵为第四批全国重点文物保护单位。

阅读链接

在《少林寺志》上还有少林拳术源于跋陀的记载，跋陀的两位弟子慧光和僧稠，能力拔千钧，武功都十分高强，其中少不得有他的点拨。

他凭借在五乳峰上自创的若干拳法，达摩祖师也有着将少林功夫引入套路、推波助澜的功劳，在一种功夫的草创时期，这种功劳的意义并不亚于跋陀弟子们的首创。

棍僧智救唐王名扬天下

　　隋朝末年，天下大乱，群雄并起，西域的胡人王世充占领了洛阳，并自立为皇帝，定国号为郑。封他的侄子王仁则为大元帅。这叔侄二人终日东征西战，南掠北夺，弄得附近百姓人心惶惶，逃亡要饭的人成群结队。

　　《少林寺志》记载，620年，唐王李渊的儿子李世民从潼关出兵进逼洛阳，但他初来乍到，进兵不利，在一次观察作战地形时，被郑兵俘虏，囚禁在洛阳城的大牢里，他的弟弟李元吉带兵来救，又被王世充打得落花流水，情势

■ 李渊（566年—635年），字叔德，祖籍今甘肃秦安西北。唐朝开国皇帝，史称唐高祖，杰出的政治家和战略家。李渊出身于北朝的关陇贵族，7岁袭封唐国公。隋末天下大乱时，李渊乘势从太原起兵，攻占长安。618年5月，李渊称帝，改国号唐，定都长安，不久之后便统一了全国。

■ 李世民 （599年—649年），唐朝第二位皇帝。他早年随父李渊征战天下，为大唐开国立下汗马功劳。"玄武门兵变"夺权称帝后，他积极听取群臣意见，努力学习文治天下，成功转型为杰出的政治家与一代明君。唐太宗开创了我国历史著名的"贞观之治"，将我国传统农业社会推向兴盛，为后来全盛时期的开元盛世奠定了重要基础。

十分危急。

消息很快被少林僧人听说了。当时，少林寺的情况也十分窘迫，王世充不仅把隋文帝当年赐给少林寺100顷地的柏谷庄园侵吞，还屡次骚扰佛门清净之地。少林寺上下不甘心再受王世充之欺，决心冒险救下李世民。

传说一天夜里，少林寺"十三棍僧"凭着对洛京地形的熟悉，摸到了洛阳城下，这13个和尚分别是上座僧善护，寺主僧志操，以及昙宗、惠锡、普惠、明嵩、灵宪、普胜、智守、道广、智兴、僧满、僧丰。

他们在城墙根底下去掉了平时绑在身上练功用的"重身"沙袋，一个个身轻如燕，很快爬上了城头。

据说，志操和尚以往常出入洛阳，大街小巷十分熟悉，大伙就跟着他左拐右转，不一会儿就找到了大牢。这里戒备森严，往来巡逻兵丁很多，和尚们却人不知鬼不觉地抓了几个喽啰提到僻静处盘问，弄明白了李世民被关押的位置和掌管钥匙的情况。大家在大牢外搭起人梯，昙宗领着智守、普胜等人进去救人。

当时正是深夜，昙宗舔破窗纸发现管大牢钥匙的

潼关 潼关位于陕西省渭南市潼关县北，北临黄河，南踞山腰。是关中的东大门，历来为兵家必争之地。古潼关居中华十大名关第二位，历史文化源远流长。在东汉以前潼关还没设关城，到东汉末，曹操为预防关西兵乱，才于建安元年始设潼关，并同时废弃函谷关。

王世充 西域胡人，本姓支，年幼时母亲改嫁汉人王氏，因此随继父姓王。王世充性格狡诈，口才伶俐，熟悉经史、兵法、律令。619年，他废皇泰主，称帝即位，建元开明，国号郑。622年，降唐，后为仇人独孤修德所杀。

■ 少林寺棍僧

大枷 枷是旧时套在罪犯脖子上的刑具，用木板制成，分左右两片模板，木板中间有几个矩形和凿空的洞用来夹住头和双手。大枷就是一种特制的重而大的刑具。

辕辕关 位于嵩岳之阴的辕辕山上，其关隘的历史始于五帝时期的夏禹时代，是我国最为古老的关隘之一，它有着非常重要的历史地位。

百总正趴在桌子上打呵欠，就以迅雷不及掩耳之势推门而入，把那家伙捆了个结结实实，搜出了钥匙。守牢的狱卒也是不堪一击，几个和尚略施身手就将他们制服。

李世民带着一具大枷，正一脸疲态地靠着墙根坐在地上，突然看见几个年轻和尚到了跟前，正待发问，昙宗连忙摆手，止住了问话，随手拿出钥匙开了大枷，蹲下身去背着李世民出了大牢。

门口接应的志操等人就拥着昙宗和李世民，一起往东城门跑去。这时天就快亮了，守城的士兵正值松懈之际，大伙齐声呐喊着扑上前去，杀散了兵士，打开城门，往嵩山方向疾走。

不久，一名郑将骑马领兵追了出来，志操和尚回身一招"只燕穿云"，将他打落，夺过马匹，将李世民扶了上去，就这样且战且退。后来，唐将秦叔宝赶来支援，将李世民顺利接回了唐军大营。

少林寺的"十三棍僧"冒险救出了李世民后，又在随后唐郑两军再次对垒的时候，从寺里带了500僧兵，悄悄地穿过辕辕关，直抄郑军后路，活捉了王仁则。唐军大受鼓舞、锐不可当，迫使王世充不得不归降李世民。

后来，人们为了纪念这个故事，就在少林寺的千佛殿东厢的白衣殿里，把这个故事绘成了非常精美的壁画。

626年，玄武门兵变之后，李世民坐上了皇帝的宝座，成为了唐朝的第二个皇帝唐太宗。为了感恩当年少林和尚对自己的救命之恩，李世民立即颁布诏书嘉奖了少林寺。

他在圣旨中高度赞扬十三棍僧救驾和助战的赫赫战功，并为13位僧人每人赐给紫罗袈裟一袭，昙宗和尚被封为大将军，还赐给少林寺大量银两，田地40顷，水碾一具，他们的名字、功绩和所受封赏都被刻在了少林寺内天王殿前的《太宗文皇帝御书》石碑上。不仅如此，这段故事，还被现代的香港电影《少林寺》演绎成为经典。

当然，对少林寺来说，这13位僧人所受的嘉奖倒在其次，重要的是作为唐王的救命恩主，少林寺的发展迎来了空前辉煌的时期。

第一次赏赐后不久，李世民又敕封昙宗为少林寺方丈，命他重修少林寺。

据史料记载，重修后的少林寺全寺占地660多公顷，大殿14座，房舍50间，寺僧千余，还有500僧兵。

从这时起，唐太宗特别允许少林寺设有"僧兵"，

玄武门兵变 626年7月2日，由当时的唐高祖李渊的次子李世民，在唐帝国的首都长安城大内皇宫的北宫门——玄武门附近发动的一次流血政变，结果李世民杀死了自己的长兄当时的皇太子李建成和四弟，得立为新任皇太子，并继承皇帝位，李世民为唐太宗，年号贞观。

■ 少林武僧救唐王壁画

戟 是一种我国独有的古代兵器。实际上戟是戈和矛的合成体，它既有直刃又有横刃，呈"十"字或"卜"字形，因此戟具有钩、啄、刺、割等多种用途，而且它的杀伤能力胜过戈和矛。

准许和尚习武，而且还认为练武则不能缺少营养，竟御准少林和尚食肉。

从此，少林僧徒练武之风大振，仅练习拳术棍棒也已满足不了他们的要求，少林武术逐渐向刀、枪、剑、戟、鞭、锤等方面发展，并且少林僧兵也成为公开的地方武装，频频参加俗家战争，为国家和民族立下了不少可歌可泣的功劳。这样一来，少林寺的名气也就越来越大了。

据说，在李世民当上皇帝后的第三年，他还亲自去少林寺看望过自己的救命恩人。

那一天，唐太宗李世民带着宰相魏徵、大将秦叔宝、尉迟恭等人浩浩荡荡来到了嵩山脚下。少林寺方丈昙宗和尚得知消息，连忙率众僧出门迎接。

唐太宗进了少林寺，就受到了昙宗方丈和众僧的盛情款待。一番礼仪寒暄过后，太宗的住宿被安排到了方丈室，方丈室是方丈起居和理事的地方，因为后来又被多次用于接待皇帝，所以被后人称为"龙庭""行宫"，客人被安排到这里已经是最高规格了。

从唐太宗开始，少林寺可以说是过了一段鼎盛的日子，但到了唐武宗李炎的时候，又

■ 少林寺内的《御书》碑

遇到武宗灭佛。武宗是唐朝21个皇帝中，唯一坚决反佛的皇帝。

当时全国有大、中佛教寺院4600所，小庙宇4万多处，全部被废毁，寺院的财货和肥沃良田数千万顷一律没收，被逼还俗僧尼26万多人。少林寺又遭遇了一次劫难，殿宇被拆毁，变成废墟。

武宗灭佛一年后，宣宗即位。宣宗立即下敕令恢复佛教，少林寺又开始了一次兴建。荒凉的少林寺，到了宋朝，又恢复兴盛，那时的寺房发展到数百间，寺僧已达2000多人。

少林寺方丈室

阅读链接

据说，太宗皇帝当年去少林寺还有另外一个原因，那就是当时隋末叛将杜伏威的部下在东南沿海啸聚为海盗，昼伏夜出，这让李世民很头疼，李世民便请方丈昙宗帮忙。

昙宗随即派出十三棍僧中的道广和尚等人，领着500僧兵赶赴江南。五年后，道广和僧兵们一起凯旋，但因为当地的老百姓舍不得少林和尚们回到嵩山，于是，道广和昙宗就一起进京上奏太宗皇帝。

李世民知道此事后很高兴，就传旨工部官员郑宛与道广和尚一起奔赴沿海一带，让当地知州用全州3年的皇粮，组织全州能工巧匠依照嵩山少林寺的规制，建造出了南少林寺。寺成后，立起一通"太宗文皇帝圣旨碑"，将500僧兵平盗之事刻下，道广则成为南少林寺的第一代方丈。

福居相邀高手汇集少林拳

　　我国有句俗话叫作"天下武功出少林"，但是，你知道吗，这并不意味着少林寺武僧们闭门练功，功夫只"出"不"入"。

　　据《少林拳谱》记载：

北宋建隆元年，少林寺方丈大和尚福居，德高望重，佛武医文皆通，名扬天涯海角，为增众僧武功，邀请十八家高手汇集少室，一则授艺于僧，一则各演其技，择优互学，取长补短。

宋太祖赵匡胤

　　由此可以知道，在宋朝初年，少林寺方丈大和尚福居曾经邀请各地武林高手18家到少林寺内献艺，演练了整整3年，各路好手都在这里将自己的看家本

事亮了出来，相互切磋，取长补短。福居和尚扬各家之长，最后汇编成了《少林拳谱》。

这段时间里，少林寺实际上成了全国的会武之地，具体比武的情景史籍中并没有记载，但想必当时一定是盛况空前，备受朝廷和武林瞩目。

能够邀请到天下18家高手到少林寺演武3年，福居和尚之德高望重自不用说了，少林寺这块武林胜地的招牌想必也是十分过硬的。从记载中可以看出，福居和尚所做这件事情十分有益于当时各路武功的共同进步。

武会过后，福居和尚在拳谱的首页概括出了18家高手之长，其中位居首位的便是我国北宋王朝的建立者宋太祖赵匡胤。

据说，赵匡胤是有名的马上皇帝，武功十分高强，但他是否真的参加过福居和尚的比武邀请呢？曾经有两种说法。

一种是《少林拳谱手抄本》中说，历代祖师都说宋太祖也来过少林寺，还调遣诸州名将轮番来嵩山，一来给武僧传授武艺，二来也能取少林武术之长，名将高怀德、高怀亮等人都几次到少林寺会武。

高怀德（926年—982年），北宋初年大将。字藏用，今河北正定人。是宋太祖的妹夫。他以拥戴有功，宋初为殿前副都点检，曾参与平定李筠、李重进之乱。后与石守信等秉太祖意图自请解除兵权。太宗时官至武胜军节度使兼侍中。死后追封渤海郡王。

而另一本《北拳汇编》中却说：赵匡胤武功高强，手中有本拳书，但他从来不给别人看。一天，他和群臣一起喝酒，不知不觉饮到醉处，竟然将自己武功和拳书的奥秘都说了出来。醒后，赵匡胤非常后悔，但又碍于面子，不好意思再将拳书藏起来，就将这本书放在了少林寺。

《北拳汇编》还提到，"少林派亦称外家，赵匡胤其开山祖也……其法以硬攻直进为上乘"，为此，后人们便认为赵匡胤并不是少林拳法的开山始祖，但在宋代形成的拳书套路中，他的三十二势长拳是最著名的套路。

宋朝以后，抗倭名将戚继光所著的《纪效新书》和何良臣的《阵纪》，在介绍明代的拳法流派时都把"宋太祖三十二势长拳"列为第一位。

由此可以看出，少林寺从习武练拳的需要出发，吸收了宋太祖长拳的精华，作为少林拳法的一部分，这是十分可能的。

宋太祖对少林寺的关爱，使少林武功在宋朝初年快速发展，形成了170多套拳术，同时，各种兵器武

■ 少林寺演武场

少林武术雕刻

艺也传入少林寺，如杨家枪、罗家枪、梅花枪、九节鞭等。

当然，正是由于他对少林武术的弘扬和发展有一定的贡献，在后来他也得到了相关的回报。北宋末年，金兵南下，占领了潼关，河南尹范致虚曾征少林寺武僧宗印，宗印把少林武僧分为"尊胜队"和"净胜队"，赴潼关与金兵对垒，战绩卓著。

在这一时期，方丈福居在整理拳谱的同时，还组织了僧人们再次重修了寺院，让少林寺焕然一新，吸引了更多的僧人和俗家弟子前来学艺。据记载，这期间少林寺拥有土地14000多亩，寺基540亩，楼台殿阁5000余间，僧徒达2000多人，甚为兴盛。

阅读链接

据说，宋代的许多历史名人都与少林武功有关系，除了宋太祖赵匡胤和他手下的几员大将，相传岳飞和梁山好汉也曾学得了不少少林功夫。

梁山好汉中的打虎英雄武松，在上景阳冈之前曾在少林寺内学武8年，最擅长扑虎拳和罗汉十八掌，对易筋经也有所涉猎，并且他最后下山，也是依照少林寺的规矩，一路打出山门去的。师父见他勇力过人，还曾告诫他下山后不要惹是生非，要过安稳日子。

日本僧人修行少林寺

少林寺自建成以来，吸引了众多来这里拜佛求法的人，早在508年，印度高僧勒拿摩提和菩提流支就先后来到少林寺，开辟译场，共同翻译印度世亲菩萨《十地经论》，历经3年，完成行世，有力地推动了北方禅学的发展，使少林寺成为当时的佛学重镇。

菩提达摩大师

其后，又有南印度高僧菩提达摩，从水路航海至中国南境，然后北渡长江进入中原，在少林寺后山一带坐禅传法，首倡"以心印心"的禅宗教法。

他所传禅法为"大乘壁观"，得法者有慧可、僧副、道育等，并由此确立了少林寺禅宗祖庭的崇高地位。

随着少林寺的名气越来越大，来

这里拜佛求法的人越来越多，特别是在元朝天历年间，少林寺迎来了第一位日本僧人。

那是一个寒冬腊月的日子。中岳嵩山，被大雪封住。一天黄昏，少林寺来了一位游方和尚，自称是日本僧人，来中国取经，路过少林寺，因偶感风寒，身体不适，想在少林寺留宿一夜。

少林寺的知客僧，便报告给住持菊庵师父。菊庵一听是日本僧人，立刻嘱咐知客僧："这是贵客，要用心招待。"还特意让厨房用上好的江南大米做饭，又点名做几样小菜，招待客人。

■ 少林寺菊庵师父雕像

知客僧将日本僧人让进客房，叫厨房按照菊庵住持的吩咐，赶做饭菜。

饭菜端上来后，日本僧人举筷往嘴里扒拉几口，便放下碗筷，满怀歉意地对知客僧说："身体不适，饭菜虽好，味同嚼蜡，容贫僧暂卧，待明晨再去谢住持吧！"

知客僧连忙扶他睡下，还随手给他关上了门，出去了。过了一会儿，知客僧又推门进来，把一个火锅放在日本僧人床前，说："实在抱歉，我忘记大师您身患风寒。刚才住持和尚特意吩咐，让我来送火锅与大师。"

说着，打开锅盖，只见锅里热气腾腾，香辣扑

世亲 北印度犍陀罗人，约生活于公元4世纪。与其兄无著为印度瑜伽行唯识学派创始人。世亲著有《俱舍论》，基本囊括有部佛学思想，对该部思想有深刻独到的见解。后受到其兄无著的影响，转入大乘，力弘唯识，一生著作颇丰，其中小乘论500部、大乘论500部，人称千部论主。

■ 少林寺客房一角

千年名刹
享誉中外的佛教寺院

书法　文中特指中国书法。中国书法是一门古老的汉字的书写艺术，是一种很独特的视觉艺术。书法是我国特有的艺术，从甲骨文开始，便形成有书法艺术，所以书法也代表了我国文化博大精深和民族文化的永恒魅力。

鼻。"喝吧！这是我们中国人发汗常用的酸辣姜汤，喝了就会发汗，汗出病就会好的。"

日本僧人爬起来，心中万分感激，一口气喝了大半锅，立即感到浑身微汗，鼻通喉润。

知客僧让他躺卧，帮他盖上被子，刚要出门，日本僧人对他说："请代我谢谢住持，容贫僧明晨前去拜见。"

知客僧说："不必客气，您安心养病吧！"

第二天，日本僧人很早就爬起来。他感到浑身清爽，寒病全无。他找到方丈室，轻轻推门进去。见菊庵和尚正在运笔写字。他轻手轻脚走近书案，见菊庵写的是岳飞的《满江红》。满纸墨香，龙飞凤舞，真称得起龙跃天阙，虎卧云岗。

日本僧人也是非常喜爱中国书法的和尚，等菊庵写完字，便上前深施一礼："贫僧邵元参见，承蒙关照，在下风寒痊愈，特来拜谢住持！"

菊庵住持一抬头，见站在面前的是一个中等身体，行脚僧打扮的人，人虽清瘦，但两眼炯炯有神。

菊庵急忙放下笔，双手合十还礼："您就是昨夜到鄙寺的日本高僧吧？本来想今早前去拜望，怕贵体不适，需多睡眠，所以没去打扰。现在，身体好些了吗?"

"住持让人送去的火锅，真是一副灵丹妙药，贫僧喝下去，便浑身发汗，顿觉神清体舒，睡了一夜好觉，今晨起床，病已全无。急着来拜见住持，见您正运笔入神，没敢惊扰。贫僧已在旁观看多时了。住持书法超尘绝俗，堪称大家!"邵元一口气把话说完。

菊庵住持见日本僧人谈论书法，知是行家高手，于是说道: "听大师所说，定是书法方家，请一展锋芒，以饱老衲眼福如何?"说着，将笔递与邵元。

邵元也不推辞，接过毛笔，谦虚地说: "贫僧才疏学浅，望住持指正。"

说罢，操笔而书，写的是《鉴真和尚东渡赋》。只见他运笔自如、布局舒展、结构巧妙，确实深谙翰墨，自成一家。

菊庵伸出大拇指说: "好极! 好极! 不想大师汉字功底如此精深，可佩可敬!"

两人初见，即以书法之论契机而相互敬慕。当菊庵得知邵元是日本国山阴道某寺住

山阴道 旧时日本在"律令制"下所设置的地方行政区划，自奈良时代开始实施，直到明治初期废藩置县为止。主要内容就是"五畿七道"，五畿七道是古代日本全土在律令制下的行政区域划分。山阴道是日本五畿七道之一，位于本州岛日本海侧西部。

■ 鉴真和尚 (688年—763年)，唐代高僧，日本律宗的创始者。俗姓淳于，扬州人。14岁出家。55岁的鉴真先后6次东渡日本，前5次均未成功，鉴真于第五次东渡中失明。鉴真第六次东渡日本，历时一个多月，抵达日本。鉴真一行入奈良，安居东大寺。759年鉴真率弟子在奈良建成招提寺，遂由东大寺移居于此。鉴真除弘扬戒律外，还将中国的建筑、雕塑、医药等介绍到日本，为中日文化交流做出了卓越的贡献。

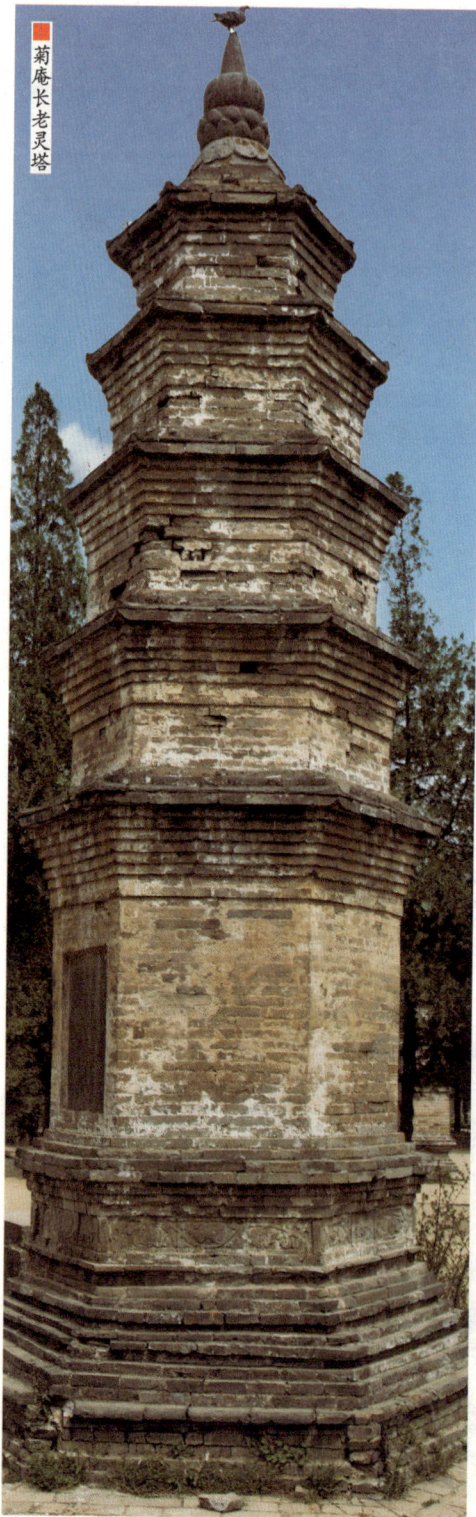
菊庵长老灵塔

享誉中外的佛教寺院

持，求法取经来到中国已3年整时，心中对邵元更加敬重。

邵元对菊庵和尚说："今日拜见住持，真有相见恨晚之感。贫僧想在贵寺挂单，多住些时日，不知可否？"

"老衲正有相留之意，以便与大师切磋。"说罢，忙吩咐知客僧，在自己住的屋子里，加搭一床，两人同吃同住，情如手足。

光阴似箭，一晃之间，邵元已在少林寺住了10个春秋。这年端午节，菊庵陪邵元前去洛阳白马寺上香，回来时爬坡登山，突然，一块风化石从山上滚下，眼看就要砸到邵元头上，菊庵眼尖手快，将邵元向旁一推，又用胳膊一挡，石头擦菊庵臂膀而过。

救了邵元，菊庵却左臂受伤，鲜血淋漓。邵元流着泪说："大师救我一命，贫僧永世不忘！"

同年秋，菊庵大师圆寂。邵元为之守灵，并撰写《道行之碑》，以纪念大师的救命之恩。

《菊庵长老灵塔》上的铭文高0.84米，宽0.64米。正书，全文共1000多字，文义简洁，语言流畅，感情真挚，书法亦佳。给予照公很高的评价，表示了深切的悲伤。

由于邵元在少林寺礼佛期间德功彪炳，深得众僧爱戴。菊庵大师圆寂后，大家一致推选他为首座僧，也是少林寺第一个外国籍的首座。

现在，位于少林寺西南280余米处的山坡上的塔林中还有邵元为《菊庵长老灵塔》后壁上亲自写下的"照公和尚塔铭"和"道行之碑"，这些证据成为邵元在少林寺修行并任首座的最好的证明。

邵元直到54岁才回国，他在中国共住了21年，成为中日佛教交往史上，成绩显著的和尚之一，也是中日佛教史中的一段佳话。

守灵 一种民间的习俗，守在灵床、灵柩或灵位的旁边。守灵也称为守夜。古人认为人死后3天内要回家探望，因此子女守候在灵堂内等他的灵魂归来。

首座僧 四大班首之一，地位仅次于方丈和尚，常由丛林中德业兼修者充任。首座是东、西两序的首领，其职掌是代住持统领全寺僧众。

阅读链接

虽然大多数人们认为，邵元是来我国的第一位日本僧人，但也有部分资料显示，在唐、宋年间，日本僧人大智法师便已经来过少林寺求佛取经，学习武术，并最早将少林佛经和少林武术传入日本。虽然当时日本与少林寺的交往没有具体的年份，但是按照这个记录推算，至少已经有1000多年。

少林武僧和倭寇斗智斗勇

自从唐太宗敕封少林寺可以"招僧兵，参政事"之后，少林寺僧兵就成了公开的地方武装。每逢朝廷有什么解决不了的难题，少林寺僧兵就常常成为他们的救命稻草。

■少林寺小山和尚斗倭寇壁画

相传，少林寺有部《征战立功簿》，专门记录少林僧人为国立功的事迹。这本书在1928年的一场大火中被毁，但据少林寺大师们回忆，书中有两位平倭寇的英雄月空和小山和尚最为有名。

现在少林寺山门两边有夹杆石，还有一对石狮子和两座石坊，据说这都是当年嘉靖皇帝为嘉奖小山和尚，而亲自赐

予少林寺的。

那是1553年春天的事了，当时正值明嘉靖中叶，那时我国东南沿海一带屡屡遭受倭寇的骚扰，这些倭寇以沿海岛屿为据点，时常上岸烧杀抢掠，为此，十分头疼的明政府自然而然地想到了少林僧兵。

一天，南京中军都督万表派人给嵩山少林寺下了一道表檄，内容是让少林寺选派武僧前去抗倭。当时少林寺的方丈是坦然法师，他听说了倭寇的暴行，十分震惊，决定派武功高强的大弟子月空和尚为首领，带领月忠、自然、慧正、智囊等人在内的31名武僧前去抗倭。

这31名武僧都是由月空和尚一个一个仔细挑选出来的，为了确保他们确实能够"技压群僧"，月空沿用了少林寺"打出山门才出寺"的老规矩。选定之后，寺里给他们每人配备了一匹马和一根7尺长、15千克重的铁棍，有的还配有刀、枪、剑等武器。

■ 少林寺门前的石狮子

表檄 我国古代官府往来文书的下行文种名称之一。原是文书载体名称，指比较长的竹木简，用于书写比较重要的文书。以后用檄书写的文书也称为檄。是古代官府用以征召或声讨的文书。

卢镗 字声远，明代汝宁卫人。将门出身，他熟知兵法，智勇双全。曾由世荫嗣职福建镇海卫，历升至福建都指挥佥事。

淞江一带有个白沙湾，少林僧兵抵达前线的第一战就在这里进行。据史志记载，这年农历七月，倭寇再次进犯川沙，占民居为营。参将卢镗率外地调来的兵士前往攻打，结果中了倭寇埋伏，几乎全军覆没。

倭寇得势后，决定再次侵扰南汇境地，此时适值少林寺僧兵前来增援，战倭寇于白沙湾。少林僧兵人数不多，却个个勇猛善战，竟奋不顾身地直捣敌营，毁倭寇停泊在岸边的舰船三艘，斩敌百余人，敌营大乱。

■ 少林寺梅花拳人物艺术雕塑

这场战斗被称为"白沙湾之战"。在记载中，官军因为上次的失败畏缩不前，未能及时给予支持，结果少林僧兵最后身陷敌阵，部分僧人力战而死，但这一仗却打出了少林僧兵的威风，他们个个骁勇善战、勇往直前，令倭寇闻风丧胆。

月空和尚等人受到了中军都督府的表彰，随后领兵前往泉州，与当地军民一起同心协力进攻七星岛，一举粉碎了倭寇的老巢，打死了头目黑田，自此，沿海一带相当长的一段时间内平安无事。

朝廷为了嘉奖，在泉州建了南少林寺，月空任方丈。20年后，东南沿海再次遭到倭寇骚扰，浙江总督胡宗宪和抗倭名将戚继光再次出兵抗倭，也得到了南少林和尚的大力协助。如今，南少林寺已成为少林和

农历 是我国长时期采用的一种传统历法，以朔望的周期来为定月，用置闰的办法使年的平均长度接近太阳回归年，因这种历法安排了二十四节气以指导农业生产活动，所以称为农历，又叫中历、夏历，俗称阴历。

尚平倭寇的历史见证。

当然，在戚继光出兵抗倭中，不仅得到了南少林的帮助，嵩山少林主持小山和尚也在这次的抗倭中做出了重大的贡献。

当时，胡宗宪本来就打算学南京中军都督万表，征派少林武僧出战，但他在武当山偶遇一位高人，倾谈数句之后，高人告诉他少林武僧乃是出家之人，不可随意指派，不如让他们自去抗敌。胡宗宪觉得有理，奏明皇帝之后，就把招兵选将平倭的皇榜贴在了嵩山脚下。

那一天，一位少林寺弟子从山脚下看到这张皇帖后，便毫不犹豫地把它揭了下来交给了当时的主持小山。

据说，这位小山和尚，名宗书，字大辛，号小山，称书公，他13岁时最先在开元寺出家，后来，跟着师父应白禅师在少林寺学禅11年，熟诵佛经，精通佛学，并且练了一手高超的剑术。

嘉靖皇帝听说他德高望重，禅武皆精，就御封他为少林寺第二十四代方丈大和尚。

小山读完皇榜内容后，立即

开元寺 是唐玄宗为超度在水、陆战争中死亡战士的亡灵，下令在当地建造的寺院。可以说，哪里发生过残酷的大规模战争，那里就有开元寺。开元寺的主要法事是水陆法会：主要是超度亡灵到极乐世界，生者安宁。

■ 戚继光（1528年—1588年），字元敬，号南塘，晚号孟诸，祖籍安徽定远，山东登州人。明代著名抗倭将领、军事家，与俞大猷齐名。

把少林寺僧众都集合起来说："国难当头，匹夫有责，我寺武僧当挺身赴边杀敌！"众僧群情激愤，都愿意为国效力。

小山和尚亲自挑选出30名武艺超群的武僧，赶到京城，向嘉靖皇帝请命。嘉靖皇帝封他为领兵元帅，带上封印，率领官军与僧兵前去平倭。

小山和尚在战场上十分英勇，并且十分聪明，据说有一次一个倭寇见他目视远方坐而不动，就挥舞着双刀扑过来，谁知在刀就要落在小山身上时，他猝然跃起，从倭寇头顶跃过，并用铁棍击碎了倭寇的脑袋。

少林僧兵与官军备受鼓舞，将倭寇杀得大败。班师回朝的时候，皇帝十分想让小山和尚留在京城，小山却说："国难杀敌，平时为僧。"带领僧人回到了少林寺。

两年后，倭寇再次进犯，屯兵于今上海市附近的下沙镇。小山和尚又受朝廷敕封，会同蔡可泉等120多名官军飞速赶到，严阵以待。

这批倭寇听说小山和尚又来了，不战自退，小山只好返回。倭寇

小山和尚塔

等了十几天，探明小山禅师已回少林寺，就又出来作乱。

小山和尚十分气愤，并下定决心，一定要把这股狡猾的倭寇消灭掉。他领着武僧和官兵们认真地查看沿海地形，最后以四面包围之计全歼了这批倭寇。

看见小山和尚带着僧兵们凯旋，嘉靖皇帝非常高兴，便为他在少林寺的山门前建立了两座座高0.85米，旗子和古柏一样高的旗夹杆石，以及两座石狮和两座石坊。

其中，两座石坊位于山门的八字墙东西两边对称，均为双柱单孔庑殿顶建筑，起3架，高5.85米，宽1.95米，石坊顶雕有脊式瓦垅，下边是仿木结构华叶斗拱。东石坊外横额题有"祖源谛本"四字，内横额是"跋陀开创"；西石坊内横额是"大乘胜地"，外横额是"嵩少禅林"。

相轮 佛教语。是五重塔屋根的金属部分总称，塔刹的主要部分。从上到下依次是宝珠、龙车、水烟、九轮、受花、伏钵、露盘。贯通中间的棒叫作"擦"，也称为"刹管"。宝珠是最重要的部分，装有佛舍利。龙车的意思是高贵者的乘坐。水烟意味着避免火灾。九轮也称为宝轮，代表五智如来和四菩萨。受花是用于装饰的基台。露盘是伏钵的土台。

1572年，少林寺第二十四代方丈大和尚小山圆寂，少林弟子们将他圆寂后留下的舍利埋于小山和尚塔。

现在，这座小山和尚塔位于少林寺塔林中中南部，造型别致，外观像花瓶，形式高大，引人注目。塔基须弥座，呈六边形，塔顶为七级相轮，上有宝盖和实顶宝珠，是少林寺塔林中著名的个人塔之一。

在明代时期，正是因为少林寺多次对朝廷做出了重大贡献，所以这一时期的少林寺，可以说是已达到兴盛的巅峰，寺内的许多建筑都是这个时期重建的。

享誉中外的佛教寺院

阅读链接

据说，小山和尚得胜回到少林寺后，还曾叮嘱武僧们要"剑、拳、棍不可丢失"。根据史籍记载，在这段时间，少林寺的部分武功确实已"失古人真诀"，特别是被视为少林武功招牌之一的少林棍术。

少林寺附近有通新建十方禅院碑，碑文记载，1561年俞大猷奉命南征，途经河南，因为很早就听说"河南嵩山少林寺有神传击剑之技"，就特意拜访了少林寺。

所谓"击剑之技"，即棍术，俞大猷请少林寺众僧逐个表演棍术，结果发现少林寺棍术因为流传太久已经失去了古人的真正要诀，不禁大叹。

为此，小山和尚从寺中武僧里挑选出了两个武功底子不错的年轻人，一个叫宗擎，一个叫普从，跟随俞大猷的部队南征，学习俞大猷的棍术。

俞大猷的棍术被后人称为"俞公棍"，集合了阵上交锋的百战经验，十分注重实用，他以此为基础撰写了我国第一部武术专著《剑经》，被戚继光称为"千古奇秘"。

后来，俞大猷还为少林寺新建的"十方禅院"撰写了新建十方禅院碑，把自己与少林寺和少林棍的这段渊源记了下来。

康熙御题山门金字匾额

到了清代，少林寺开始出现老化的趋势。传说少林寺曾被清朝纵火焚烧，但事实上，在康熙、雍正、乾隆三朝，少林寺并未被焚，反之，这些清朝皇帝还敕修这座千年名刹，现存的少林寺建筑物，都是明清以后重修的。

目前的少林寺山门，就是1735年奉敕创建的。山门上方长方形黑金字的"少林寺"横匾，就是清朝康熙皇帝亲笔书写，匾正中上方还刻有"康熙御笔之宝"6字印玺。

据说，关于康熙皇帝御赐这个匾额时，还有一段神秘的故事呢！

■康熙皇帝 爱新觉罗·玄烨（1654年—1722年），清朝入关后第二位皇帝。他8岁登基，在位61年，是我国历史上在位时间最长的皇帝。他是我国统一的多民族国家的捍卫者，奠定了清朝兴盛的根基，开创出康乾盛世的局面。

千年名刹

享誉中外的佛教寺院

■ 少林寺金字牌匾

那时候，少林寺山门的重建刚刚完毕，唯有山门上的匾额一直空着，少林寺方丈敬斋大和尚，为了这块匾额，曾兴师动众，想让朝廷题写，但效果不佳。

1704年的一天，京都传来圣旨，说康熙帝要出游中岳，闻知皇上要驾临少林，方丈敬斋大和尚认为这是双喜临门的事：一来给少林寺增辉添彩；二来乘机请皇上为少林寺书写匾额。可是，怎样才能让皇上题写这块匾额呢？为此，敬斋坐禅九日，定中生慧，计上心来。

那天，康熙大帝在文武百官及御林军陪护下，浩浩荡荡来到了少林寺山门，敬斋大和尚率领全寺僧众正在山门前迎接。康熙大帝看到雄伟的少林寺山门斗拱层叠，庄重有气势，点头称赞。

但又见山门上匾额高悬，只是空白一块，不禁摇头，好奇地问道："大和尚，山门新建，巍峨壮观，

坐禅 音译"禅那"，简称"禅"，意思即闭目端坐，凝志静修。是佛教修持的主要方法之一。坐禅，也是民间爱好佛学者理疗、治病、修身、养性、养生、悟道的一种修炼方式。

为何悬着一块空的匾额？"

敬斋大和尚见皇帝示问，喜上眉梢，向前合掌对康熙说道："为迎万岁驾到，全僧将原有自题的一块匾扯了下来，现正有寺内一老一小俩和尚书写，请万岁指示。"

说着，敬斋大和尚挥手让众僧迅速散开，从众人身显现出一老一小两个和尚正在山门前的地上，铺纸写着"少林寺"。这一老一小和尚，一个拿着小扫把似的粗笔，一个拿着写小字毛笔，写得满头大汗，那"少林寺"3个字被写得歪歪扭扭，大字如斗，小字如蚁，纸张一片。

康熙大帝上前一看禁不住大笑着说："这哪里是写字！"

敬斋大和尚看时机已到，率僧众齐声高呼："请万岁御赐！"

康熙大帝听到众僧齐声请求，见不可推辞，他从容地拿起笔来，就在山门前，挥笔题写了"少林寺"三个大字。至此，这三个字高悬山门直到今天。

御林军 亦称"羽林军"，顾名思义，是在我国古代护卫皇帝、皇家、皇城的特殊军队。在封建社会，皇帝的旨意称为"御旨"，皇帝的印鉴称为"御玺"，护卫皇帝的军队也就成了"御林军"。始于汉武帝刘彻，此后，历朝历代的御林军多有变化，隶属系统、机构统领、职能权力和地位都不一样。

阅读链接

需要说明的是，目前少林寺的横匾，字虽是御笔，但匾的形式却与当时不同，据说山门曾失火被焚，横匾亦被焚去一角，"少"字是后来一个书法家补上的。

少林寺山门外的八字墙东西两边互相对称有两座石坊，东石坊外横额："祖源谛本"四字，内横额"跋陀开创"；西边的石坊内横额："大乘胜地"，外横额："嵩少禅林"。

乾隆夜宿少林寺作诗数塔

1750年秋，乾隆皇帝从洛阳到嵩山游历，这一天，他刚好到达了少林寺。少林寺主持和弟子们高兴地把乾隆皇帝迎入室内，并将这位尊贵的客人安排在少林寺中方丈起居与理事的方丈室内。

当天夜里，大旱许久的登封市忽然下起了瓢泼大雨，乾隆皇帝认为少林寺是一块灵验宝地，自己是真龙天子，是因为自己的驾到带来了喜雨，为此，他听到雨声后，半夜从床上爬起来，披衣而写下了这

■ 乾隆皇帝 清高宗爱新觉罗·弘历（1711年—1799年），清朝入关后第四位皇帝，年号乾隆。25岁登基，在位60年。死后葬于清东陵裕陵，庙号高宗。乾隆帝在位期间平定大小和卓叛乱、巩固多民族国家的发展，文治武功兼修。并且当时文化、经济、手工业都是极盛时代，他在发展清朝康乾盛世局面做出了重要贡献，确为一代有为之君。

样一首五言诗：

明日瞻中岳，
今宵宿少林。
心依六禅静，
寺居万山深。
树古风留籁，
地灵夕作阴。
应教半岩雨，
发我夜窗吟。

后来，人们把这首诗刻在一块碑上，取名"乾隆宿少林寺碑"，放置在少林寺天王殿前的碑林处。

现存在少林寺内的乾隆宿少林寺碑，碑首雕刻双龙戏珠，长方形石座刻双凤戏牡丹、祥云图等。碑文为行草，书法洒脱流畅。

由于乾隆皇帝当年住在方丈室内，为此，后人也将少林寺的方丈室称为"龙庭"。

该室初建年代约为明初，经历代维修，现在少林寺内的方丈室建筑为清代遗物。在方丈院的东、西两侧，有两间厢房，各为面阔五间的硬山式出前廊建筑，是常住执事僧起居和处理佛事活动的场所。

另外，方丈室前走廊东端，悬挂一口元代所铸重约330千克的铁钟。钟面铸有"至元二年十月二十五，并有住持嗣祖传法沙门息庵"和日本留学少

■《乾隆宿少林寺》碑

五言诗 古代诗歌体裁。是指每句五个字的诗体，全篇由五字句构成的诗。五言诗可以容纳更多的词汇，从而扩展了诗歌的容量，能够更灵活细致地抒情和叙事。在音节上，奇偶相配，也更富于音乐美。因此，它更适应汉以后发展了的社会生活，从而逐步取代了四言诗的正统地位，成为古典诗歌的主要形式之一。

千年名刹
享誉中外的佛教寺院

■ 少林寺里的塔林

塔刹 是指佛塔
顶部的装饰，塔
刹位于塔的最高
处，是"冠表全
塔"和塔上最为
显著的标记。从
结构上说，塔刹
本身就是一座完
整的古塔。它由
刹座、刹身、刹
顶和刹杆组成。
这种塔上塔的造
型，使塔显得更
加高插云天，雄
伟挺拔。塔铭是
指刻在佛塔上用
来起警戒或者称
述功德的文字。

林寺僧人"书记邵元"等人的名字。这是中日友好往来的珍贵文物例证。

再说乾隆帝当年留宿以后，他又在方丈大师的带领下，领着随自己微服出巡的官员一起参观了少林寺院，据说，在他们参观位于少林寺西南280余米处的山坡上的少林寺塔林时，又有一段有趣的小故事。

少林寺的塔林是少林寺历代和尚的坟墓，佛教界有名望、有地位的和尚死后，把他们的骨灰或尸骨放入地宫，上面造塔，以示功德。塔的高低、大小和层数的多少，主要根据和尚们生前对佛学造诣的深浅、威望高低、功德大小来决定的。

因为少林寺的塔林非常多，乾隆皇帝怎么也数不清，他没有办法了，便叫跟在身边的大臣们数一数这些塔到底有多少个，可是，大家数来数去，也没有数出一个准确的数来，乾隆帝因而感慨地说："真乃塔林也！"

事实上，乾隆皇帝说的没错，少林寺塔林是我国规模最大的一座古塔建筑群,也是世界上最大的古塔建筑群。

塔林占地面积近20平方千米，依山傍水，风景独好。座座古塔昂然耸立，千姿百态，形象各异，形似参天巨木，势如茂密森林，故有"塔林"之称。

这一古塔建筑群，无论是规模、数量，还是在塔体建筑本身及其体现的价值上，在全国同类建筑中都是首屈一指的。是研究我国古代砖石建筑、书法雕刻、宗教传承、武术历史的综合性实物资料。

不过，这些塔还是能够数清的，现存的少林寺塔林共有唐、五代、宋、金、元、明、清古塔228座，现代塔2座。加上常住院中的2座宋塔，二祖庵附近2座唐、元、明砖塔，三祖庵1座金代砖塔，以及塔林周围10座砖石塔，共计246座墓塔或佛塔，构成了非常壮观的少林寺砖石塔建筑群。

少林寺塔林中的座座古塔，从大到小，从砖到石，从平面方形到六角形、八角形、圆形，从楼、亭、阁式到密檐式、从单檐式到多檐式等，显示着中华民族悠久的建筑文明，展示了建筑技术的高超水平。

从现存的塔刹、塔额和塔铭所体现的价值来看，少林寺塔林是研究雕刻、书法艺术的宝库，是珍贵的历史资料库。

阅读链接

少林寺塔林现存除一座唐朝的普通塔，一座宋朝普通塔和一座年代不详的普通塔外，其余的全部都是个人塔。其中唐"法玩禅师塔"是塔林中最古老的一座砖塔，坐落在塔林西北部，建于791年，系方形单层单檐式砖塔，高8米。除塔门、塔刹和塔铭用青石雕成外，通体皆用水磨砖砌造而成，塔门用高浮雕的手法，装饰着飞天、嫔伽等古典图案。

少林古刹经历的四大劫难

少林寺自从西域僧人跋陀建寺以来，历经1500多年，共遭遇了4次大的劫难。

第一次是南北朝时期北周武帝宇文邕时期的"周武灭法"事件。

第二次是隋炀帝大业年间，天下大乱，少林寺因为香火旺盛、寺产丰厚，而为各地起义军所垂涎。混战中，殿宇被烧，玉石俱焚。

在少林寺网站的寺院历史大事记中，列有这样一条：

■ 北周武帝 宇文邕（543年—578年），鲜卑族，南北朝时期北周皇帝。560年至578年在位。公元577年，周武帝一怒之下，下令将佛道两教一并废除，强令全国200多万僧人、道士一律还俗，将寺庙和塔观都分给王公贵族，财产则散给臣下，这就是历史上著名的"周武灭法"，也称"北周武帝灭佛"。

大业十四年，天下大乱。少林寺为山贼所劫，塔院被焚，灵塔尚存。

后人研究北魏时期少林寺平面布局时，也认为在今天少林寺的西塔院一带，原来建有埋葬跋陀的"遗身定塔"，隋代大业末年之后，唐人的少林寺碑上也记载：

大业之末，此寺为山贼所劫，僧徒拒贼，遂纵火焚塔院，院中众宇，倏焉同灭。

■ 少林寺内古碑

从记载来看，这把火是乱世之中的"贼"所放，所造成的后果十分明显，不过这"贼"的身份却很难分辨。有人说是打家劫舍的山贼，也有人说，这贼就是王世充，当时他出兵抢劫了拥有不少土地的少林寺，受到了少林武僧的沉重打击，王世充就生出毒计，放起火来，将寺内殿宇烧毁大半，也正是如此，13棍僧才愤而营救李世民，打败了王世充。

大业之火究竟由谁而引现在不得而知，但李世民当上皇帝以后，很快帮助少林寺重建了寺院，抹去了这场火灾所造成的创伤。

第三次是唐武宗李炎时期的"会昌法难"。

第四次是1928年的军阀混战。当时，北伐战争

军阀混战 袁世凯复辟遭到人民反对，1916年袁世凯死后，北洋军阀群龙无首，在帝国主义的支持下形成许多大大小小的军阀，其中主要有直系军阀、皖系军阀和奉系军阀等，相互之间为争夺地盘和中央领导权展开斗争，形成我国近代军阀混战的局面。

少林寺雕像

已经开始，军阀混战尚未结束。这年春天，军阀一把大火点燃了法堂。第二天，又将天王殿、大雄殿、紧那罗殿、六祖殿、阎王殿、龙王殿、钟鼓楼、香积厨、库房、东西禅堂、御座房等殿宇统统付之一炬。

一时间，少林寺内火光冲天，浓烟滚滚，四处躲藏的僧众们在山野中遥望寺院惨状，又不能前去营救，无不悲痛欲绝。军阀的部队离开少林寺之后，全寺僧众急忙回寺灭火抢救，才算保住了千佛殿、达摩亭、方丈堂、山门以及地藏殿、白衣殿等殿宇。

除了殿宇，这次大火毁坏掉的少林珍宝不计其数，包括寺内被皇封的"五品树祖"、经卷、《少林寺志》木刻版、魏齐造像碑、达摩面壁影石等无一幸免。这次大火是自隋唐以来少林寺所遭受的最惨重的一次浩劫，在新中国成立前的岁月里，由于战争频繁，民生凋敝，少林寺仅仅能够维持山门。

但少林寺这座千年古刹的顽强生命力毕竟不是一天两天磨炼出来的。新中国成立后，少林寺重新获得发展的契机。

阅读链接

有学者认为，在"会昌法难"中，少林寺由于在暗中受到了皇室的保护，所以这次的毁坏程度并不严重。但对少林寺来说，由于全国佛寺的普遍受损和佛教所受的打击，习惯上仍将这次的时间视为一场灾难。两年后，唐武宗驾崩，继承者迅速下诏恢复佛寺，急风暴雨般的"毁佛"运动终于结束。

经过重建的少林寺风采

新中国成立后，党和政府拨出专款，对少林寺进行了全面整修，重现了往日的辉煌和兴盛。

1983年，少林寺被列为全国重点寺院。此后，香火极旺。

重修后的少林寺形成了以主体建筑为主的常住院，以主要古塔建筑群为主的塔林，以纪念达摩为主的初祖庵，以纪念慧可禅师的二祖庵，以及达摩洞等。

常住院是住持和尚和执事僧进行拜佛、坐禅、诵经、接待、藏书、开展大型法事活动的地方，也是主持和尚及各方执事僧居住、办理日常事务的地方。

重修后的常住院宽为七进建

四合院式长廊

筑，从山门依次是山门、天王殿、大雄宝殿、法堂、方丈室、立雪亭、千佛殿七进院落。

常住院的第一进建筑山门是少林寺的大门，创建于1735年，1974年按旧制重修。它是一座单檐歇山式建筑，面阔3间，前墙有等距的两个圆窗，门前用青石砌成17级台阶，呈垂带式。

一进山门，便见弥勒佛供于佛龛之中，神龛后面立有韦陀的木雕像，神棒在握，是少林寺的护院神。

在山门和天王殿之间，有一条长长的甬道，道路两旁就是苍松翠柏掩映下的碑林。这里共有20通历代石碑，在道路东侧有一长廊，廊内陈列有从唐代至清代的名碑100多通，有碑廊之称。

常住院的第二进建筑天王殿位于碑林的尽头，以供奉象征"风、调、雨、顺"的四大天王而得名。该殿红墙绿瓦，斗拱彩绘，门内隔屏前左右各有一尊金

■ 少林寺碑林

刚塑像。

常住院的第三进建筑大雄宝殿是少林寺佛事活动的中心场所，它与天王殿、藏经阁并称为三大佛殿。原建筑毁于1928年兵火，1986年重建。

大雄宝殿是面阔五间的重檐歇山式建筑，殿内供奉三世佛：释迦牟尼佛、药师佛、阿弥陀佛等的佛像，殿堂正中悬挂康熙皇帝御笔亲书的"宝树芳莲"四个大字，屏墙后壁有观音塑像，两侧塑有十八罗汉像。整个建筑结构合理，雄伟壮观，气宇轩昂。

■ 少林寺天王殿

少林寺大雄宝殿与其他寺院大雄宝殿的不同之处在于这里的三世佛左右各塑有站像达摩祖师和被称为少林寺棍术创始人的紧那罗王。

另外，在该殿中间有两根大柱下还有麒麟雕像，预示了禅宗佛教是完全汉化的中国式的佛教。

大雄宝殿前两侧的建筑为少林寺的钟、鼓二楼遗址，东南为钟楼，西南为鼓楼，两座楼均有四层，造型巧妙，巍峨雄伟，是我国建筑史上的珍品。

钟楼和鼓楼的原建筑毁于1928年。后来在1994年和1996年，当地政府按照两楼原先的样子重新修建，沉寂近70年的晨钟暮鼓，又重新在中原大地回荡。

钟楼前便是立于728年的嵩岳少林寺碑，也称为"李世民碑"。

麒麟 亦作"骐麟"，其外形像鹿，头上独角，全身有鳞甲，尾像牛尾。是我国古籍中记载的一种动物，与凤、龟、龙共称为"四灵"，是神的坐骑，古人把麒麟当作仁善、瑞兽。常用来比喻杰出的人。麒麟文化是中国传统民俗文化。盼麒麟送子，就是我国古代的生育崇拜之一。

红巾军 又称作红军，是元朝末年起来反抗元朝的主要起事力量，最初是与明教、弥勒教、白莲教等民间宗教结合所发动的，因打红旗，头扎红巾，故称作"红巾"或"红军"，又因焚香聚众，又被称作"香军"。

李世民碑的北边是小山禅师行实碑，记述了少林寺曹洞宗第二十四代传法禅师的经历和重振少林禅宗的功德。它的背面是混元三教九流图赞碑，上面刻有佛、道、儒三教混元图像，此碑反映了嵩山是佛、道、儒三教荟萃之地，体现了三教合流的重要思想。

大雄宝殿东侧的殿宇是紧那罗殿，创建于元代，重建于1982年，内塑的紧那罗王是少林寺特有的护法神。这里展示紧那罗王的报身、法身、应身三种不同的形象。

相传1351年，红巾军围攻少林寺时，突然有一烧火僧显圣，立于二山头上，身高10丈，自称紧那罗王，红巾军见状遁去。

紧那罗王遂被少林寺尊为护法神。明代对此大加宣扬，并刻碑记述此故事。今寺中即有一通明"徽府施造"的紧那罗王画像碑，上部二像为"妙法紧那罗

■ 大雄宝殿内佛像

王""护法紧那罗王"，下部刻像为"持法紧那罗王"和"大法紧那罗王"。

该殿于明、清两代多有维修，1928年毁于兵火。现建筑是1982年在原址上重建的，为面阔三间、进深三间的硬山式建筑。殿内紧那罗王像，皆为建殿之后重塑。

大雄宝殿西侧与紧那罗殿相对的是六祖堂，寺碑多称该殿创建于明代。但据1936年我国营造学社刘敦桢等人，在少林寺调查时发现的六祖殿前檐八角石上镌刻的一段铭文可知，该殿创建于1206年。

从殿毁前保存的照片看，原殿内中部有佛台与佛龛，中塑三像，观音居龛中，两侧龛内塑达摩与慧可像。该殿于明清之际多有维修，1928年毁于兵火。

现在的六祖堂是1983年按原址复原设计并重建的，面阔三间，进深三间，为出前廊单檐硬山式建筑。殿内塑像为殿重建以后所置。殿内正面供奉的是五尊玉雕像：大势至菩萨、文殊菩萨、观音菩萨、普贤菩萨和地藏菩萨。五大菩萨背面是大型彩泥雕"达摩只履西归图"。

两山墙下塑初祖达摩、二祖慧可、三祖僧璨、四祖道信、五祖弘忍、六祖慧能像。另外，西墙下又塑达摩只履西归像一尊。

■ 少林寺铁钟

硬山式建筑 硬山是我国古代建筑中的一种形式。屋面仅有前后两坡，左右两侧山墙与屋面相交，并将檩木梁全部封砌在山墙内的建筑叫硬山建筑。

紧那罗王 又名"乐天"，意为"音乐天""歌神"，是佛教天神"天龙八部"之一。因其头上长角又被称之为"人非人"。此外紧那罗还有男女之分，男性长一马头，女性相貌端庄。

藏经阁里的经书

浮雕 是雕塑与绘画相互结合的产物，采用压缩的方法来对对象进行处理，展现三维空间，并且可以一面或者是两面进行观看。浮雕一般是附着在另一个平面上，所占空间小，所以经常用来装饰环境。浮雕的主要材料有石头、木头、象牙和金属等。

常住院的第四进建筑法堂是寺院讲经说法藏经的场所。1735年，清朝皇帝敕修少林寺时，原藏经阁藏经移贮法堂，故法堂又称"藏经阁"。

法堂的原建筑毁于1928年，当时军阀石友三纵火少林寺时，法堂及其贮藏，全都被毁。

1993年，法堂按旧制重修。现在法堂殿内供有汉白玉卧佛，长7米，重16.5吨，法相庄严、祥和。东西两壁经柜，贮藏着《中华大藏经》《敦煌大藏经》《日本大正新修大藏经》《高丽大藏经》及佛教、少林武术等典籍。

藏经阁台下通道东侧有一口大铁锅，重650千克，据说是寺僧鼎盛时期炒菜用的。藏经阁前有一盘大石磨，是1564年所制，是以前寺僧用来磨面的工具，据说每天能磨小麦千余斤。藏经阁前碑刻很多，这是少林寺碑多、塔多、壁画多"三多"特色之一。

常住院的第五进建筑是方丈室。室内正中置1995年少林寺建寺1500周年时信徒赠送的鸡血石"佛祖讲法"浮雕，北壁内侧置少林寺传代世系谱。

室内另有1980年日本所赠的达摩铜像，东侧立有弥勒佛铜像。墙上挂着一幅《达摩一苇渡江图》。

少林寺方丈室正西为方丈退居，坐北向南，面阔三间，出前廊，为硬山式建筑。方丈退居是离任后的方丈住所。退居室前有对联：

少室山下禅林静；

五乳峰前钟磬悠。

常住院的第六进建筑立雪亭建于明代，1980年重新修缮。立雪亭东侧是文殊殿，西侧是普贤殿。

文殊殿1928年被焚毁，1983年重建。殿内供有文殊菩萨，座下骑青狮，左右塑二童子像。

鸡血石 是辰砂条带的地开石，其颜色比朱砂还鲜红。因为它的颜色像鸡血一样鲜红，所以人们俗称"鸡血石"。它同寿山田黄并列，享有"印石皇后"的美称，为我国印石文化的发展做出了巨大贡献。

■ 文殊殿内的文殊菩萨

十殿阎罗 也叫阎罗王、阎魔王、阎罗，意译为缚，缚有罪之人也。原来是古印度神话中管理阴间的天王。阎王在我国民间影响很大，传说他是阴间的国王，人死后都要到阴间去报到，接受阎王的审判，生前行善者，可升天堂，享富贵；生前作恶者，会受惩罚，下地狱。

立雪亭西侧的普贤殿面阔三间，殿内供奉着普贤菩萨像。殿内北壁供有阿弥陀佛玉雕像，明代刻琢，工艺精美。此像过去长期存放于千佛殿，1986年移至文殊殿，1996年移至此殿。

常住院的第七进建筑千佛殿位于立雪亭后面，又名毗卢殿或西方圣人殿。千佛殿是明末重建，佛龛中供奉明代铸造的毗卢佛铜像。殿东、西、北墙上有大型彩色壁画五百罗汉。壁画高7米，面积330平方米，其规模之大为全国同类壁画中所罕见。

千佛殿的东壁是明代雕刻的阿弥陀佛玉石像。殿内地面上有48个排列成深20厘米的陷坑，据说是少林武僧练拳习武的脚坑遗址。

千佛殿的西厢是地藏殿，东厢是白衣殿。

地藏殿创建于清初，因很多年没有维修，以致后来顶部坍塌，现在的顶部是1979年重新修建的。

地藏菩萨为佛教四大菩萨之一，又叫大愿地藏

■ 法堂内的汉白玉卧佛

王菩萨。地藏殿殿内南北墙下原塑有十殿阎罗像，但现在均已被毁。殿内墙上原有壁画，也已经脱落。

地藏殿内正面及南北两侧墙面新嵌了玉雕壁画。正面壁画高2.5米，宽25米，是根据《阿弥陀经》经文创作的。

正中为阿弥陀佛，其左侧为观世音菩萨，右侧为大势至菩萨，合称"西方三圣"。壁画描述众弟子听阿弥陀佛讲经的祥和场景。

殿南北两侧壁画高2.5米，宽6米，均为地藏王菩萨讲经内容。南侧是根据《地藏菩萨本愿经》创作的，北侧是根据《阎罗王众赞叹品》创作的，南北两侧正中均雕有地藏王及左右一老一少二侍者，即闵公和道明像。

地藏殿玉雕选材精良、雕工细腻、人物表情丰富、栩栩如生，是不可多得的艺术珍品。

千佛殿东厢的白衣殿也叫观音殿，里面供奉着白衣观音铜像一尊。

白衣殿内三面墙上绘有与少林拳有关的彩色壁画，均系晚清所制。北面和南面绘的是众僧徒手和持械练拳习武的动作，所以这座观音殿也称拳谱殿或锤谱堂，北面山墙上绘着湛举和尚在殿前指导僧徒拳赛

玉雕 是以各种玉石为原料的雕琢工艺品。玉，实际是优质的石。它的种类非常多，有白玉、黄玉、碧玉、翡翠及玛瑙、绿松石、芙蓉石等。玉石经加工雕琢成为工艺品，称为玉雕。它是我国最古老的雕刻品种之一。

的情景。

后壁北端两间绘有十三棍和尚救驾唐王与活捉郑将王仁则的传统故事。神罩两侧绘制的是《降龙伏虎图》，东北和东南壁角是文殊骑青狮和普贤骑白象等。

此外，少林寺常住院还有斋堂、僧舍、禅堂、练功房等进行过重修。当然，少林寺除了上面介绍的常住院外，还有著名的塔林、初祖庵、二祖庵和达摩洞，在新中国以后也对其进行了一定的重修。

2007年5月8日，登封市嵩山少林寺景区被国家旅游局正式批准为首批国家5A级旅游景区。

2010年联合国教科文组织第三十四届世界遗产大会将包括少林寺在内的登封"天地之中"历史建筑群列入《世界遗产名录》。这些称号，将让少林寺的明天更加美好！

享誉中外的佛教寺院

阅读链接

少林寺院的千佛殿内，在方砖铺成的地面上，有48个深浅不一的锅样脚窝。这48个脚窝排列四行、前后左右间隔两米有余，非常匀称。最深的有50厘米。据说，这些脚窝是少林僧人练武踏成的。因为少林武术特别重视脚上功夫，俗称南拳北腿。进寺学武，必须先练三年腿功，站桩、蹲桩……

为此，少林师父教弟子，要求脚上的功夫特别严格。在千佛殿内练功，因受四壁和十二根屋柱的限制，活动的最大容量只有48个位置。经常固定地在这些位置上练习腿上功夫，久而久之，就自然而然地踏成了这48个脚窝。

灵隐寺

灵隐寺，又名云林寺，创建于东晋咸和三年（328），距今已有1670多年了。位于浙江省杭州市西湖西北面，在飞来峰与北高峰之间灵隐山麓中，两峰挟峙，林木耸秀，深山古寺，云烟万状，是一处古丰富、景色宜人的游览胜地，也是江南著名古刹之一。

慧理开山创建寺院雏形

326年，从印度来了一个和尚，名叫慧理，他从中原云游进入我国浙江的武林山，这里的武林山其实就是我国杭州西湖三面的群山。

慧理见这里很像印度的灵鹫山，惊讶地叹道："此乃中天竺国灵

■ 灵隐寺牌坊

■ 飞来峰石刻

鹫山下的小峰，怎么会飞到此地来呢？佛祖如来在世时，灵鹫山多为仙灵所隐之地，看来这地方也将成为佛国佳境。"

慧理由此推测此地有仙灵隐藏。为了印证此峰确为天竺飞来，慧理告诉当地的人们说："这飞来的山峰里向来住有两只猿猴，一黑一白。如果这山确系飞来，那么黑白二猿也一定会相随而来。"

说完，他来到山脚的洞口，俯身朝洞内呼唤。果然，随着他的喊声，有一只黑猿和一只白猿从洞中奔跃而出。大家这才相信他的话，把这个洞称为"呼猿洞"，把这座山峰称之为"呼猿峰"。

后来，慧理在此山峰下的正对面卓锡建寺，寺名灵隐，取"仙灵所隐"之意，并将这座山峰称作"飞来峰"。

这样，在这山清水秀、层峦叠嶂的地方就有了一

法门 即佛法、教法。佛教用语，原指修行者入道的门径，今泛指修德、治学或做事的途径。古称南山为法门。另指有别于儒、道、释三教之外，以法理为本的教派，由法门教祖般末萧一手创建，在武林中位居超然地位，受理武林大小派门委托审理各项案件纷争，赏善惩恶，执法公正，四海之内无不敬服。

座寺庙点缀其中，如诗如画。

这座寺庙地处杭州西湖以西，它造园的艺术，可归结为一个"隐"字。

一般寺院，前面往往比较开阔，以炫耀法门的气派。而灵隐寺却处在群峰环抱的山谷中，背靠雄伟的北高峰，面朝秀美的飞来峰，寺前一泓清泉流过，使人恍如置身于仙灵所隐之地。

为此，后来的宋朝诗人苏东坡，游灵隐之后，吟咏出"溪山处处皆可庐，最爱灵隐飞来孤"的诗句。

传说，慧理和尚建完灵隐寺以后，又在旁边的几座山峰上分别修建了灵山、灵峰、永福、下天竺等寺庙，但后来这些寺庙都毁掉了，仅剩下灵隐寺。

慧理和尚主持修建了几处寺庙后，终生在中国传播佛法，再也没有回到印度。

后来，人们为了纪念这位灵隐寺的开山之祖，便在慧理法师去世后，将他的骨灰埋于灵隐龙泓洞口之理公岩下，并在上面建立了一座佛塔，取名理公塔，又名灵鹫塔。

现存的理公塔重修于明代，是杭州现存唯一的明塔。

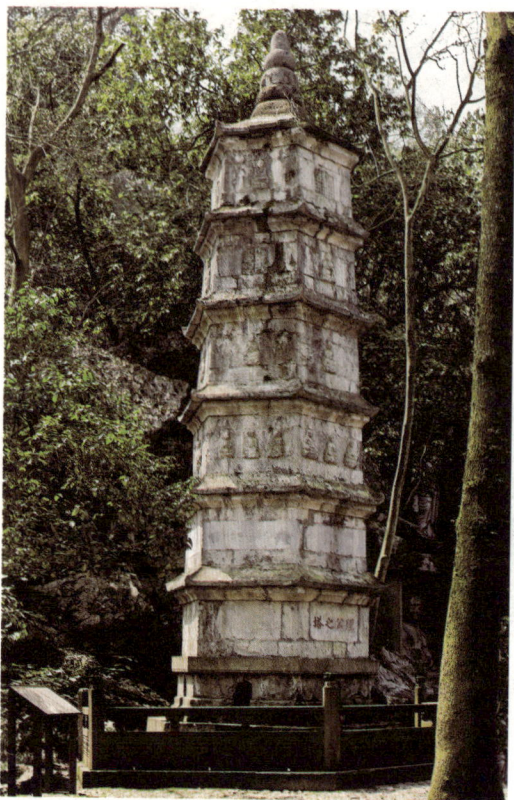

■ 灵隐寺理公塔

楼阁式塔 建筑形式来源于我国传统建筑中的楼阁。佛教传入我国后，为了适应我国的传统习惯，利用人们对多层楼阁通天的寄托，以楼阁形式作为礼佛的纪念性建筑物。楼阁式塔可供奉佛像，并可供僧人等登临之用。有的楼阁式塔还兼有军事瞭望的功用，如北京良乡的昊天塔。

此塔是一座石结构的楼阁式塔，高8米余，六面七层，殊为罕见。全塔由下至上逐级收分，结构朴实无华，别具一格。

据史料记载：理公塔曾于明万历年间倒塌，当时的如通、祓秽和尚与佛教信徒程理，又动工重建理公塔。

第一层中空，六面皆辟拱门，第二层的正南面镌有"理公之塔"碑记一方，东南面镌有明万历十六年（1588）春"慧理大师塔铭"一方，西南面镌有"卢字大明神咒"碑记一方，第三层的每面也镌有碑记，第四至第七层的每面，或刻坐佛，或作门窗式样，塔顶装有葫芦形塔刹。

古朴沧桑的理公塔见证了一位印度高僧历经千山万水来到中国弘扬佛法的艰辛。

阅读链接

关于灵隐寺的来历还有另外一个传说：

相传，在1400多年以前，在今天的秦岭湾门前，有一座笔架山，笔架山左侧，是块凤凰朝阳地。原先这里荆棘纵横，荒无人烟。

后来，有一吴姓僧人在山后住，打柴种地为生。一天，僧人在笔架山丛林打柴，因为天热，将道袍脱下，挂在树枝上，又去干活。忽然，一只大雁凌空而下，将袍叼走，向南飞去，至现在灵隐寺的地方落下。

吴僧望空向南一路追来，但见此处绿树森森，翠柳成荫。绿影婆娑间，一岭土坨南头北尾；前饮碧水绿荷，后交浮菱青湖；左右两侧隆起两扇翼状土丘，整个地貌有如巨鹰卧地。

吴僧人感悟为神灵指点，遂于此焚香祷告，搭棚立寺，故名"灵鹰寺"。

五代时期成为著名寺庙

五代时期吴越国王钱镠信奉佛教，始终奉行"信佛顺天"之旨，在位期间不仅广修庙宇塔寺，而且还大量印刷佛经，布施佛像，使得杭州城乡各地遍布寺院，寺与寺之间，梵音相闻，僧众云集。

而他对灵隐寺的建设也尤为关注，960年，钱镠亲自请来延寿禅师重兴灵隐寺。这个延寿禅师，是余杭人士，为净土宗六祖，在中国佛教史上占有非常重要的地位。

此时的灵隐寺，虽然经过了南北朝时期梁武帝萧衍的扩建，但是，后来的"周武灭法"和"会昌法难"，

■ 吴越国王钱镠（852年—932年），字具美，小字婆留，杭州临安人。五代吴越国创建者。唐末拥兵两浙，统12州，封吴王、越王，兼淮南节度使，后自称吴越国王，在位41年。谥号武肃王，葬安国县衣锦乡茅山。

灵隐寺内飞来峰造像

让灵隐寺再次陷入冷落荒寂之中。

面对百废待兴的局面，延寿禅师苦心经营，设计新的寺院布局，除了完成山门、大殿等的重建，还拓建了500余间僧房。

960年，吴越忠懿王钱弘俶又在延寿禅师所建的灵隐寺基础上，继续扩建石幢两座。东建百尺弥勒阁，西有只园，并建9楼、18阁、72殿，屋宇1300余间，廊庑曲折萦回，自山门左右连接方丈，称寺为"灵隐新寺"。

据史书记载：

吴越国时，九厢四壁，诸县境内，一王所建，已盈八十八所，含十四州悉数数之，不胜举目矣。

吴越寺庙"倍于九国"，扩建创建的寺院有史可据的就有200余所。在杭州的历史上，吴越时期，吴越王"以有土有民为主，不忍兴兵杀戮"，保境安民，休兵乐业，清明向上的"吴越之治"，使杭州成为东南地区的政治、经济、文化中心，更是佛教文化的中心。

大殿左侧经幢

仙人 即神仙，是我国本土的信仰。仙人信仰在我国早在道教产生之前就有了，后来被道教吸收，又被道教划分出了神仙、金仙、天仙、地仙、人仙等几个等级。远在佛教传入我国之前，我国本土就有了仙人的信仰。佛教传入我国之后，把古印度的外道修行人也翻译成了仙人。

到现在为止，灵隐寺内还留下了特别丰富的吴越时期摩崖石刻、佛像塑造和佛经雕刻，以及寺置园林、佛塔经幢等。

比如，在灵隐寺进门第一殿天王殿的殿前，左右各有石经幢一座，两经幢都有"天下兵马大元帅吴越国王建"题记。

这两座经幢皆建于969年，原系吴越国王家庙"奉先寺"遗物，后来，迎栅禅师移置于此，东幢高7.17米，西幢高11米，原为12层，现已残损，为多层八面形，下部在层须弥座。

经幢也称石幢，是刻着佛名或经咒的石柱，是古代佛教标示物，作为镇邪祈福用。幢由幢顶、幢身、幢基组成。

西幢刻有《佛顶尊胜陀罗尼经》，故称"尊者塔"；东幢刻有《大自在陀罗尼咒》，故称"大自在塔"。幢身上部叠置华盖、腰檐、仰莲、伞盖、流云等，盘石上雕刻迦陵频伽，双手合十，背有翅膀，形象生动。

另外，在大雄宝殿前露台两侧分别立有两座石塔，据说，它们也是始建于五代或北宋初，为钱俶重建灵隐寺时而立，当时立塔4座，现在仅存大雄宝殿前东西两侧之双塔。

两石塔相距42米，均为八面九层楼阁式塔，高约12米，用石料雕刻砌筑而成，为仿木楼阁式塔，第一层边长0.97厘米，从底层开始至塔顶逐层递减，收分明显。每层的东、南、西、北四面辟壶门，线条和顺流畅，每层有柱子、栏额、斗拱、出檐、平座，脊饰上刻有仙人像，塔身下为一层须弥座，更下为九山八海基石，是典型的宋式建筑。

在灵隐寺前的飞来峰岩壁上，还有五代时期留下的石窟造像，最早的为后周广顺元年（951）镌刻于飞来峰青林洞外的弥勒、观音、势至三佛像，人称"西方三圣"。最为精致的为北宋乾兴元年（1022）刻于飞来峰金光洞口的卢舍那佛会浮雕，最为生动的有刻于飞来峰玉乳洞宋代的弥勒讲经一铺群像主尊与八罗汉，以及龙泓洞口宋代的两组浮雕：一为《唐

雕刻 对雕、刻、塑三种创制方法的总称。指用各种可塑、可雕、可刻的硬质材料创造出具有一定空间的具有可视、可触的艺术形象，借以反映社会生活、表达艺术家的审美感受、审美情感和审美理想的艺术。历史悠久、技艺精湛的各种雕塑工艺，如牙雕、玉雕、木雕、石雕、泥雕、面雕、竹刻、骨刻、刻砚等，是我国工艺美术中一项珍贵的艺术遗产。

江南第一刹

灵隐寺

■ 寺内石塔之一

■ 弥勒讲经造像

僧取经》，一为《白马驮经》，旁刻第一批来中国的天竺高僧摄摩腾、竺法兰名号，这些浮雕均十分传神，可惜有的遭人为破坏已断肢残缺。

经过吴越扩建后的灵隐寺，学佛习禅之人日渐增多，佛门禅坛的诗词文章层出不穷。灵隐寺再一次佛光重现，一时间僧众达3000之多，常有异邦僧侣前来取经。

在这一期间，苏东坡《游灵隐寺》一诗中有"高堂会食罗千夫，撞钟击鼓喧朝晡"之句，可以想象出灵隐寺当时的盛况。灵隐寺的发展不仅香火日盛，而且在规模上也达到了空前程度，成为一座规模宏大的著名寺庙。

阅读链接

相传，吴越国王钱镠在当国王前非常贫寒，但他非常信奉道教，后来，他遇到高僧法济，法济对他说："他日成霸吴越，当须护持佛法"，并劝他："好自爱，他日贵极，当以佛法为主。"

钱镠对法济禅师十分尊重，每次一见到他，钱镠必对其跪拜，檀施丰厚，异于常数。法济圆寂时，钱镠亲自撰写赞词并亲执丧礼，追谥为"建初兴国大师"。钱镠在临终时还告诫他的儿子："吾昔自径山法济示吾霸业，自此发迹，建国立功，故吾常厚顾此山焉！他日汝等无废吾志。"

于是，钱氏三代五王始终奉行"信佛顺天"之旨，使得杭州城乡，遍布寺院。

宋孝宗改法堂为直指堂

历史到了1127年初，在这一年，我国历史上发生了一件大事：金军攻陷北宋王朝的京都汴京，北宋王朝宣告结束。当年，南宋政权在南京，即现在的河南商丘重建。但由于军事上的继续溃退，南宋的开

宋高宗宴会清河王府图

国皇帝宋高宗赵构在商丘仅待了5个月又被迫南迁。短短的两三年中，南宋又先后建都于扬州、建康、杭州、越州等地。

直至1138年，宋高宗赵构最终把杭州升为临安府，皇城选址凤凰山，开始大兴土木造皇宫，南宋正式定都临安，也就是现在的杭州。

赵构建都杭州后，大力宣扬他的"孝道"，将一些名刹梵宇改为祈福祷告戒斋之所，在这期间，位于西湖旁的灵隐寺也被改名为"灵隐山崇恩显亲禅寺"。

其实，早在1005年，灵隐寺便被改为了灵隐山景德寺，后又改景德寺为景德灵隐寺。这一系列的改名做法，足以表明帝王们对灵隐寺的关注和重视。

自从南宋迁都杭州后，宋高宗和宋孝宗便时常到灵隐寺进香。后来，宋孝宗还赐给当时灵隐寺主持慧远禅师"瞎堂禅师"的名号，并将灵隐寺内建筑法堂改名为"直指堂"。直指，意为"直指人心，见性成佛"，它其实是灵隐寺的第四大殿。

灵隐寺内现存的直指堂重建于1446年，是一座飞檐斗拱、气势宏伟

藏经楼下青石壁画

的三层建筑，屋脊高度为23.37米，建筑面积1908平方米。

1569年，灵隐寺全寺毁于雷火，仅剩直指堂。到了1640年，灵隐寺又遭灾祸，全寺失慎于火，除大殿、直指堂等殿幸免于难外，保存下来的直指堂上层是寺院藏经之所，收藏了6部大藏经，中层是用于寺内讲经说法的场所，下层是文物展厅区。正是因为这里藏有很多经典，因此又被称为藏经楼。

藏经楼的第二层中间设有一个用东阳木雕的讲台，精美异常。上面放有一个狮

■ 灵隐寺牌匾

子座，是法师讲经说法时的法座。因法师宣讲如来正法，能摧破外道邪魔，犹如狮子一吼，百兽皆服，故名狮子座。

座位背面悬挂着雕刻精致的大法轮，它是法堂的主要特征。所谓法轮，是指佛陀说法，不止于一人一处，犹如车轮，辗转相续，故名法轮。

这里为每月数次讲经说法之地，高僧云集，听者甚众。由于是寺院重地，藏经所和法堂都不对外开放。

藏经楼的下层是文物展厅，对游客展出灵隐寺历代收藏或佛教团体交流的珍贵文物，有佛像、字画、

东阳木雕 是以平面浮雕为主的雕刻艺术。其多层次浮雕、散点透视构图、保留平面的装饰，形成了自己鲜明的特色。自唐至今已有千余年的历史，是中华民族最优秀的民间工艺之一，被誉为"国之瑰宝"。

■ 灵隐寺藏经楼

三宝佛 一般是指寺庙大雄宝殿所供的三尊佛，不同的寺院所供的三尊佛也不一样。有三身佛，即清净法身佛毗卢遮那、圆满报身佛卢舍那、千百亿化身佛或应身佛释迦牟尼。还有纵三世佛，即过去燃灯佛、现在释迦牟尼佛、未来弥勒佛。还有横三世佛，即西方阿弥陀佛、中央释迦牟尼佛、东方药师佛。或西方阿弥陀佛、中央毗卢遮那佛、东方阿閦佛。

经文等50余件珍品，这些带着佛教神秘感的珍贵文物令游客们长久驻足凝视。

二级文物"菩提树叶画'庄严三宝'"吸引了许多人的目光。一枚小小的菩提树叶筋脉上，用彩色颜料画出一尊神情庄严的三宝佛像，虽年代久远，仍色彩鲜艳、神色如生、眉目细腻，可以想见制作者花了多少心血细细描绘。

相传，佛祖修行6年后在菩提树下悟道，所以菩提树被奉为佛教圣树。菩提树叶画是印度文物，需极高明的技术和功底，目前这一古老技艺在印度已失传。

灵隐收藏有历代佛教文物珍品和各种佛教书籍。如：十世班禅舍利，展台上是7个小佛像，用西藏特有的红泥做成，旁边有介绍文字说这是西藏佛教团体访问灵隐时赠送的，内有十世班禅的头发和指甲。

《敦煌石室藏经》，原藏于敦煌石室，后大部分被盗，能保存下来的价值自然无可估量。

走出藏经楼，可见一块巨幅青石壁画镶嵌在石墙上，画的是如来说法感化万物的佛教故事。画面正中是如来气象庄严地坐在狮子坐骑上讲经，天女们在天空中吹笙应和，顿时花团锦簇，龙飞凤舞，树林中的狮子、大象、雄鹰等各种动物听到佛的讲经，都受到感化，从四面八方向佛奔来，正如两侧对联所说：

敦煌石室 也称为"敦煌石窟"。其被誉为是20世纪最有价值的文化发现。"东方卢浮宫"，坐落在河西走廊西端的敦煌，以精美的壁画和塑像闻名于世。是我国和世界闻名的珍贵历史文化遗产之一。

如来说法狮吼象鸣声震天；
天女吹笙龙飞凤舞气冲霄。

阅读链接

历史上，灵隐寺曾经遭遇过多次大火：

第一次：1359年，寺毁于兵火，损失惨重。

第二次：1370年，灵隐寺又失火，损失较重。洪武十七年（1384），住持慧明重建了觉皇殿，但在宣德五年（1430），觉皇殿再次毁于火。

第三次：到了1640年，灵隐寺又遭灾祸，全寺失慎于火，除大殿、直指堂等殿幸免于难外，其余悉付祝融之口。

第四次：1816年秋，灵隐寺再次失火。

第五次：1860年，太平军入杭州，大多寺宇被毁，灵隐寺仅存天王殿与罗汉堂。

第六次：1937年冬，罗汉堂失火被毁。次年11月，日本侵略军进入杭州，灵隐寺再次被烧。

济公和尚修行灵隐寺

　　南宋时，灵隐寺主持慧远禅师收有一徒弟道济，此人便是后来鼎鼎大名的济公和尚。

　　据说，这位济公和尚生于1148年，出生时，天台山国清寺住持性空禅师为他取名修元，并说他是天台山罗汉堂的罗汉转世，用"修元"为他指示了将来的去路。

济公塑像

　　道济少小时读书于赤城山，天资聪颖，工诗文、通经史，无纨绔子弟恶习。在父母双亡，家道中落以后，看破尘世，18岁去杭州灵隐寺，依止瞎堂慧远禅师剃度出家。

　　他在庙里不守戒律，嗜好酒肉，性格幽默诙谐，举止癫狂。常徜徉市井，与小儿为伍。慷慨好义，扶危

■ 虎跑寺 原称大慈定慧禅寺，位于杭州西南大慈山。以寺中的名泉虎跑泉而著名。819年，性空大师在此定居建寺；宋朝高僧济公，初出家在灵隐寺，后居净慈寺，圆寂于虎跑寺；被佛门称为"重兴南山律宗第十一代主师"的高僧弘一法师披剃出家的也是虎跑。3位名僧，又给这个古老的寺宇增添了传奇庄严的色彩。

济困，惩恶奖善，好打不平。因不守寺规，受众僧攻击，瞎堂则认为："佛门广大，岂不容一颠僧"，人们称他"非俗非僧，非凡非仙"。

慧远禅师圆寂后，道济又到净慈寺做书记僧，最后圆寂在杭州虎跑寺。因灵隐寺是道济出家和被长老点醒灵性的地方，所以在灵隐寺内的大雄宝殿的"慈航普度"群塑中，人们为他留有塑像。

一生任性逍遥、游戏人生的济公活佛，注重修心，不拘形式，放浪形骸，他所彰显的是一种自然天真、随缘入世的度化精神。800多年来，济公传说已成为文学艺术取之不尽的素材。同时，济公传说作为一种独特的文化现象，深刻在我国民众心里。正是因

慧远禅师 又名佛海慧远，俗姓彭，四川眉山金流镇人，13岁从药师院宗辩禅师出家，前往成都大慈寺听习经论，后来成为临济宗杨岐派宗师圆悟克勤弟子，曾与宋孝宗游飞来峰。1169年，奉诏至杭州住持皋亭山崇先寺，第二年，任杭州灵隐寺住持。

为如此，后来，人们便在济公出家的灵隐寺修建了一座济公殿。

享誉中外的佛教寺院

这座济公殿是新中国时期的1991年以后建成的。这座殿宇，巍然屹立、气魄雄伟、庄严肃穆、宏伟壮观，在建筑风格上也与灵隐寺原有的天王殿、大雄宝殿保持一致，新老建筑浑然一体。

大殿内部的建筑结构均采用钢筋混凝土等现代建筑材料建造而成，因此使得大殿内部结构带有明显的现代气息。

这座济公殿不像别殿那样金碧辉煌，却别有一番淡定雅致、超尘脱俗，俨然是佛殿中的清澈之所。殿中供奉有三尊不同形态的济公像。

其中，最中间的一尊稍大的济公佛像右手拿破扇、左手持念佛珠、右脚搁在酒缸上，悠闲地坐在须弥座上。左右两边稍小的佛像，一边的济公顶着一顶

■ 雪中的济公殿

破僧帽，右手摇一把破芭蕉扇，左手拿一只酒缸子，仿佛喝醉一般站立于须弥座，另一边则是得了道、修得了正果的道济禅师，比较富态，比较严肃。

灵隐寺内济公塑像

济公生性癫狂，却好管不平之事，世人戏称为"济癫"，既"癫"且"济"，他扶危济困、彰善惩恶，深受百姓喜爱和尊崇，成为历代广受供奉祭祀的神灵。

其成佛后的尊号长达28个字："大慈大悲大仁大慧紫金罗汉阿那尊者神功广济先师三元赞化天尊"，他集佛道儒于一身，堪称神化之极。

此外，灵隐寺济公殿的殿前还挂有《济公圣训》。这《圣训》句句深具哲理，含有极大的人生智慧。

阅读链接

相传有一天，灵隐寺的济公和尚突然算知有一座山峰就要从远处飞来，那时，灵隐寺前是个村庄，济公怕飞来的山峰压死人，就奔进村里劝大家赶快离开。

村里人因平时看惯济公疯疯癫癫，爱捉弄人，以为这次又是寻大家的开心，因此谁也没有听他的话。眼看山峰就要飞来，济公急了，就冲进一户娶新娘的人家，背起正在拜堂的新娘子就跑。

村人见和尚抢新娘，就都呼喊着追了出来。人们正追着，忽听风声呼呼，天昏地暗，"轰隆隆"一声，一座山峰飞降灵隐寺前，压没了整个村庄。这时，人们才明白济公抢新娘是为了拯救大家，于是就把这座山峰称为"飞来峰"。

具德和尚大修千年古刹

明代时，灵隐寺多次毁于火灾，除大殿、直指堂等幸免于难外，其余殿堂都经历多次重建，到明末清初时，灵隐寺已呈现"苔寮藓壁"的破败惨状。

灵隐寺长廊

另一方面，此时的灵隐寺建立了"房制"，共有24房，把各院落分作私人产业，因此，各房除了公事，其他的事都自顾自的，谁也无心修复寺院殿堂。

由各公房推选的住持是豁堂禅师，他自幼在灵隐寺出家，受戒后，遍参名师，得法于三峰法藏禅师。面对满寺零落残败、风雨飘摇的凄凉景象，住持豁堂禅师自知难以使灵隐寺起死回生。

1649年，他请来在扬州弘法的好友具德和尚入住灵隐，重兴这座寺院。这位

具德和尚法名弘礼，是豁堂的师父三峰法藏法师的嫡嗣，天童密云法师的法孙，为临济宗三十二世，不管到哪儿开堂说法，均受到僧众信徒的欢迎。

据说，在具德和尚入住灵隐寺的那一天，杭州府郡的荐绅文学及各山耆宿、合院大众都来听具德和尚的升座发言。其实，他们就是想来看看这个和尚，到底有没有什么能耐来主持这个破败不堪的灵隐寺！

升座发言正式开始了，只见具德和尚挥了挥手中的拂子说："昔日世尊拈花，今朝灵隐举拂。会则同彼同此，耀古腾今；不会，则乃圣乃凡，随波逐浪。诸仁者，世尊说法49年，谈经300余会。末后向灵山会上百万众前拈花嘱累，饮光尊者一笑。相传大法东来，则此山预来，震旦以待。没量大人爰有慧理、永明、延珊、明教、雪窦、大慧、瞎堂诸祖，咸向此山立极开宗。彼时问道，上自帝王，及下大臣以至名公巨老，亦在此山共翼嘉猷，激扬本分。今日现前，宰官居士与诸山名德、本寺耆英、五湖衲子亦在此山，

临济宗 禅宗5个主要流派之一。从曹溪的六祖慧能，历南岳、马祖、百丈、黄檗，一直到临济的义玄，于临济禅院举扬一家，后世称为临济宗。义玄是慧能的六世法孙。又临济六世孙为石霜之圆禅师。圆禅师以后分杨岐派、黄龙派。

香积厨 是许多规模比较大的、历史上比较久远的寺庙厨房的名称。一般情况下，位于大雄宝殿右侧为香积厨，是寺僧的斋堂。香积厨中有洗碗、洗菜用的石池、石槽等。

问似云兴，答如缶并泻，岂非灵山一会！重整颓纲，再笑拈花，知恩有地……"

具德和尚这一堂话，一下子把那些堂上的权贵要人与耆山长老们震服了！当然，光是凭着佛理说说是简单的，但要重兴破败的灵隐寺却非易事。

具德和尚亲自设计与规划殿宇的图纸，凡事亲力亲为。他首先核查明末如通住持修造灵隐寺旧籍共耗银8万两，而此时工料价格倍涨，没有百万银子是根本不够用的。其他僧人竭力要求只需要整修一下就行了，而具德和尚却要坚持重建，为了能够重建成功，他发起募化筹集资金。

于1650年开工，至1657年时，东侧楼阁殿堂有9进，客堂僧舍有百余间，香积厨有初铸三大铜锅，每餐煮米3担，供食千余人，"饭僧之众为诸刹所无"，但至此财力已尽，而大殿、方丈室等均尚未动工。

1658年，寺内大殿由于一场大火再次遭到毁坏，这样，对于大殿的修理便必须即刻开始了。

于是，具德又发动僧徒信众万余人筹资，具德

■ 灵隐寺华严殿

称："法子万人，人馈十金，可得十万，则吾事济矣。"在他的坚持兴建下，灵隐寺于1666年终于全部竣工。从发起筹资到大殿完成，这次的修建整整经历了18年的时间。

据说，灵隐寺大雄宝殿的上梁之日，前来观看的达十多万人！据《灵隐寺志》中记载：

自建造以来未见若斯盛者也！

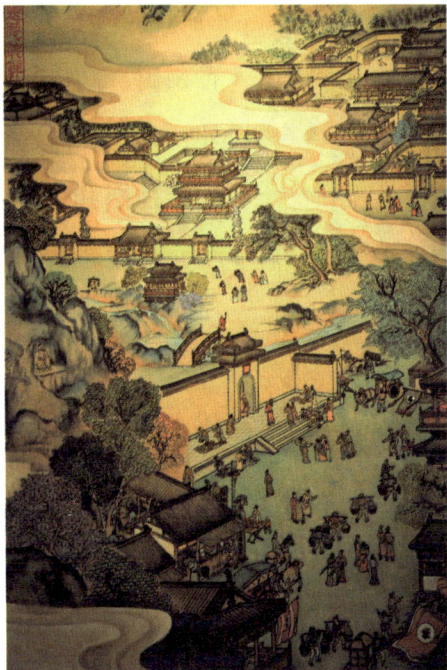

具德和尚重修后的灵隐寺规模非常之大，共建成7殿、12堂、4阁、3楼、3轩等。

7殿：天王殿、大雄宝殿、轮藏殿、伽蓝殿、金光明殿、大悲殿、五百罗汉殿。

12堂：祖堂、法堂、直指堂、大树堂、东禅堂、西禅堂、东戒堂、西戒堂、斋堂、客堂、择木堂、南鉴堂。

4阁：华严阁、联灯阁、梵香阁、青莲阁。

3楼：响水楼、看月楼、万竹楼。

3轩：面壁轩、青猊轩、慧日轩。

另外，具德和尚还仿净慈寺建有"五百罗汉殿"，也称"田字殿"，共54间，建于西禅堂下。据《湖山便览》卷五中记载：

法像小于净慈，而完好过之。

■ 灵隐寺内的香积素膳图

净慈寺 是杭州西湖历史上四大古刹之一。是954年五代吴越国钱弘俶为高僧永明禅师而建，原名永明禅院；南宋时改称净慈寺，并建造了五百罗汉堂。因为此寺内钟声洪亮，所以此寺的"南屏晚钟"成为"西湖十景"之一。

寮房 僧舍、道士的单房也称为寮房。也指寺庙宫观中负责巡查监督的机制，寮房内负责监督僧人或道士的日常行为是否犯戒，另外还负责与周围乡民间的利益关系、保卫寺庙宫观的安全。寮房下分"巡照""纠察"。

除此以外，重新修建的灵隐寺内还建有双桂室、香积厨、圊室，浴室、各寮房公所等。同时，寺里寺外，具德和尚还让人广植树木，称为"玉树林"。

具德和尚惨淡经营18年，使得灵隐寺"法席一新，建置甚盛"。《灵隐寺志》称：

虽曰重兴，实同开创。

当时文人王益朋在《重修灵隐寺碑记》里盛赞灵隐寺：

钱塘三百六十寺，未有先此者也。

为此，如果说永明延寿禅师是中兴灵隐寺的话，那么，具德和尚可以说是重兴灵隐寺，其规模远比永明延寿禅师时大得多！

重修后的灵隐寺再度被称为"东南第一山"！

阅读链接

传说，在具德和尚重修灵隐寺时，寺中的树木远远不够用，这时，在一天夜里，暴雨如注，洪水涨浮如潮，顺着洪水涌来无数树木，寺庙却没有遭到洪水的一点损害。具德和尚最后用漂来的这些木头重修成了寺庙。

康熙皇帝改名"云林禅寺"

　　去灵隐寺观光，你会发现，在灵隐寺的第一殿天王殿的殿门正上方挂有上下两个巨匾。上匾写着"云林禅寺"四个大字，下匾上写着"灵鹫飞来"。

天王殿上的匾额

谛晖法师 1627年生于浙江湖州市吴兴金田地区，他在6岁成为孤儿后出家。游学至灵隐寺，拜具德和尚为师。当时具德和尚收有弟子5000多人，但谛晖最为出色。具德圆寂后，便由谛晖法师做了主持。

据说，这里的"云林禅寺"几个大字乃是我国清朝高宗康熙皇帝亲笔所写。可是，你不禁会问：这里明明是灵隐寺，为什么这位康熙皇帝却要为它题名为"云林禅寺"呢？

这里还有一段故事呢！

据记载，清康熙二十八年（1689），康熙帝南巡至灵隐寺，有一天早上，灵隐寺住持谛晖法师陪同康熙帝登上北高峰，只见灵隐寺笼罩在一片晨雾之中，忽隐忽现，一派云林漠漠的景色，非常美妙。

回到山下之后，谛晖法师便请康熙帝为寺院题字。

当时，康熙皇帝正在寺院的客房摆酒用膳，陪同在他身边的是杭州知府和钱塘县官等人。

谛晖法师见康熙皇帝和几位官员们心情很好，便悄悄跑过去找跟随康熙一道来此的杭州知府说道："大人老爷呀，我想求皇上给我们山寺题一块匾额，你看行不行呀？"

■ 晨雾中的灵隐寺

■ 寺内客房一角

这杭州知府听了，点点头说："这是件好事啊，如果皇上能给灵隐寺题了匾额，连我杭州府也都沾了光啦！"

钱塘县官也在一旁悄悄说："皇上这个时候酒兴正浓，你这时候去求他题匾，我看一定能答应。"

得到了两位大人的支持，老和尚心里便有了底，就壮壮胆子，走到康熙皇帝面前下跪叩头，言辞恳切地说道："皇上呀，看在灵隐寺大菩萨的面上，替山寺题块匾额，也让我们沾沾陛下的光吧！"

这康熙皇帝平时本来就喜欢吟诗题字，老和尚这一请求，正好搔着了他的痒处，于是，他非常乐意地点了点头，吩咐手下人摆好纸笔，抓起笔"刷刷"几下，就写起一个歪歪斜斜的"雨"字。

此时的康熙皇帝，差不多快喝醉了，手腕有点发颤，落笔又太快了些。这个"雨"字竟占了大半张纸！灵隐寺的"灵"字，按老写法，在"雨"下面还

知府 官名。宋代至清代地方行政区域"府"的最高长官。唐代以建都之地为府，以府尹为行政长官。宋代升大郡为府，以朝臣充各府长官，称以某官知某府事，简称知府。明代以知府为正式官名，为府的行政长官，管辖所属州县。清代沿明制不改。知府又尊称太守、府尊，亦称黄堂。

大学士 又称内阁大学士、殿阁大学士等，明清时流行的中堂一称，一般是指大学士或首辅大学士。大学士一职乃唐中宗时期的首创，原职为协助皇帝批阅奏章、起草诏书等。后来一般指为辅助皇帝的高级秘书官。

有三个"口"和一个"巫"。现在只剩下这小半张纸的地方，这个字怎么也写不下了。重新写一个吧，皇帝就太没有面子了。

康熙皇帝一只手拿着笔，一只手不住地捋他那撮山羊胡须，可是自己也想不出什么好主意来。围在旁边的官儿们，明知道康熙皇帝下不了台，但是谁也不敢明说，只能默默站着，站在旁边干着急。

这时候，有个大学士名叫高江村的，想出了一个办法，他先在自己手掌心写了"云林"两个字，装作去磨墨的样子，挨近康熙皇帝身边，偷偷地朝着康熙皇帝摊开手掌，示意皇帝。

康熙皇帝一看，哎呀，这真是两个救命的字啊！于是酒也醒了一半，连忙写下了"云林禅寺"4个大字。写完，非常得意地把手一扬，将毛笔抛到一边。

老和尚过来看了一下，不对呀！"灵隐寺"怎么写成"云林禅寺"呢？他也不看看眼色，就结结巴巴地问："我们这里叫作'灵隐寺'，不叫'云林寺'

■ 灵隐寺飞来檐

呀！是不是皇上落笔错了？"

康熙皇帝听了，把眼睛一瞪，喝声："胡说！"老和尚这时候哪里还敢再开口，只好恭恭敬敬地立在旁边了等着皇帝说话。

康熙皇帝这时候缓缓地问官员们："这地方天上有云，地下有林，你们说说，把它叫作'云林寺'怎么样？"

"妙呀，妙呀，皇上圣明！"

听官员们七嘴八舌地奉承他，康熙皇帝乐得开怀大笑，于是吩咐快把字做成匾雕起来。皇帝一句话一言九鼎，官员们立即开始张罗这件事情。

他们一面叫人将灵隐寺原来的匾额换下来，一面找来雕花匠，把康熙皇帝写的"云林禅寺"四个大字雕在红木匾上，贴金底，漆黑字，边上镶了二龙戏珠，当场挂到山门上。

从此以后，灵隐寺就挂着稀奇古怪的"云林禅寺"大匾额。但是，杭州的老百姓并不认可康熙皇帝一时兴起起的这个新名字，尽管"云林禅寺"这块匾额挂了300年，大家却仍然称呼这里为"灵隐寺"。

二龙戏珠 即两条龙相对，戏玩着一颗宝珠。是人们在建筑彩画、雕刻、服饰绣品等载体上常见的图案之一。《通雅》中有"龙珠在颌"的说法，龙珠被认为是一种宝珠，可避水火。有二龙戏珠也有群龙戏珠，还有云龙捧寿，都是表示吉祥安泰和祝颂平安与长寿之意。

阅读链接

据说，康熙帝在灵隐寺题字以后，还去过灵隐寺几次，并为其题诗，其中一首诗现在刻于天王殿前东侧的御碑亭上，诗文写道：

灵石西方鹫，飞来住岌峨；名山观不少，此地比宁多。

法苑开龙象，清径淹蔚萝；诸天应栏护，御辇昔曾过。

天王殿大门不常开的秘密

一般情况下，灵隐寺进门的第一殿天王殿的大门常闭门不开，那么，这是为什么呢？事情还要从清朝乾隆年间说起：

有一次，乾隆皇帝下江南，白日在杭城游玩盛兴，深夜晚归，当时灵隐寺大门已关闭，乾隆皇帝只能在门外不能进去。乾隆命随从前去叩门，说要进寺休息。不过因为是微服私访，不便表露身份，便说是投宿商客。

灵隐寺香炉

结果睡意朦胧的小和尚左右不开大门，并没有把乾隆的请求放在眼里，理由是：庙里规定深夜三更已过，不准再开大门迎客，除非次日清晨，才能开寺门。

于是随从顺势就说，我们是

方丈的重要客人，行路许久才到达这里，每年都捐献
大量香火钱的。小和尚却答道："即便是当今天子来
了，过了三更，也不能开门。几个香火钱又怎样？"

听罢，气得乾隆牙关紧咬，却又想不出什么好办
法。为了不露宿野外，只好悻悻从侧门进入，也算是
平静地度过了几天。

■ 乾隆下江南图

数日后乾隆以皇帝身份来到灵隐寺进香拜佛，他
走到灵隐寺山门时，回想到前日受辱，心里很是不
甘，便侧身对身边的方丈说："既然灵隐是东南名
寺，香火旺盛。从此大门就不要随意打开，以免散失
佛光神气。"

从此以后便封门掩气，形成了灵隐寺的新规定。
杭城以及周边人们进寺烧香拜佛，皆是走侧门。过了
几十年后，又有新的规矩，以下几种情况才可以打开

微服私访 微指隐
蔽。微服指改变
常服以隐蔽身份。
私：秘密的。帝王
或者官吏为隐蔽
身份穿上平民服
装秘密出行、探
访民情或疑难重
案。在封建社会，
"微服"也指官
员不着官服、不
带仪仗，"私访"
是指不通过官方
渠道访察民情。

天王殿内弥勒佛像

大门：

第一，唯有皇帝天子来寺进香拜佛，才可以打开。

第二，观音的诞辰之日才可以打开。

第三，灵隐寺换新住持，新住持第一天主持说法才可以打开。

若以上三种情况都不成立，只有等到每隔60年才真正地打开一次，这个规矩逐渐流传至今。为此，灵隐寺开正门，实属不易。能赶上灵隐寺开正门算是人生一件幸事。

现在灵隐寺的天王殿是新中国成立后，在清末重建基础上修复再建的，灵隐寺布局与江南寺院格局大致相仿，全寺建筑中轴线上依次为天王殿、大雄宝殿、药师殿等建筑。

天王殿迎面正对山门的佛龛中供奉一尊祖胸露腹、趺坐蒲团、笑容可掬的弥勒佛像。把弥勒佛放在这个位置是给世人一个欢迎的姿态，一种皆大欢喜的感觉。

弥勒佛像两旁是四大天王彩塑像，俗称"四大金刚"。也正是因为此殿里供奉着这四大天王，所以，本殿才被命名为天王殿。

佛教认为，世界以须弥山为中心，四周是大海，海的四面各有一洲，分别由一位天王率夜叉大将镇守佛国一方。

据佛教讲，四大天王在此各护一方，故称"护世四天王"。塑像高8米，个个身披重甲。

手持青锋宝剑的是守护南方的增长天王。"锋"和"风"同音，增长的意思是令众生增长善根，持剑是保护佛法不受侵犯。

手弹琵琶的是东方持国天王，琵琶没弦需要"调"音，他既是护法神也是佛国财神，护持众生，他是群龙首领，众龙顺从于他。

西方广目天王，手上缠一龙，龙形谐意"顺"。北方多闻天王，右手持宝伞，伞具谐意"雨"。

千年名刹

享誉中外的佛教寺院

■ 广目天王 "广目"，意为能以净天眼随时观察世界，护持人民，古名广目天王。住须弥山白云埵，身为红色，穿甲胄，率领诸龙族及富单那等守护西方瞿耶尼洲。

这四位威武凛然、造型精绝的天王各司其职，便组成了风调雨顺，风调雨顺便能五谷丰登，五谷丰登便能丰衣足食、夜不闭户，从而出现太平盛世，表达了老百姓的美好愿望。

在弥勒佛像的背后佛龛供奉的是佛教护法神，手持降魔杵的韦驮雕像，古印度神话中他是南方增长天王的八大神将之一，位居三十二神将之首。

这尊韦驮像高2.5米，头戴金盔，身裹甲胄，神采奕奕，是用一根香樟木雕刻而成，为灵隐寺中现存历史较早的佛像之一，是南宋留存至今的珍贵遗物，已有700多年的历史，很具观赏价值。

在天王殿的后门上，有两款匾额从上到下分别书写"最胜觉场"和"威镇三洲"。

■ 多闻天王 又名毗沙门天王。据说，他是古代印度教中的天神俱毗罗别名施财天，即"财富的赠予者"，早在印度古代伟大史诗《玛哈帕腊达》等书中就已出现过。

在"威镇三洲"匾额下有一副佛殿楹联，上面写道：

> 立定脚跟背后山头飞不去；
>
> 执持手印眼前佛面即如来。

这副楹联不仅说明了天王殿与大雄宝殿，韦驮与佛祖的关系，又巧妙地暗喻了殿内韦驮所处方位与天王殿前的飞来峰，佛道佛法尽在其中。

甲胄 作为将士的防护性兵器，在冷兵器时代充当着极其重要的角色，类似于现代战争中的防弹服，可以较大程度地保护将士身体免遭敌方进攻性兵器的重创，进而能够增强战斗力并给敌方以更猛烈的打击。

阅读链接

如今，印度血统的韦驮菩萨在我国已被彻底汉化，成为地道的我国古代武将。在我国的寺庙里韦驮一般有两种姿势：

一种是双手合十，横杵于腕上，直挺挺地站着，表示这里是十方丛林，对来客表示欢迎；

另一种是一手握杵拄地，另一手叉腰，表示此地为非接待寺。而天王殿中的韦驮正是横杵于腕上表示欢迎之意。

清代宣统年间重修大雄宝殿

1910年，灵隐寺迎来了一次整修，这次修整的主持者是当时的寺院住持昔征。

当然，修建灵隐寺是一项很大的工程，单凭昔征一人的力量是无法重建的。这时，他得到了号称近代我国商业之父的盛宣怀的帮助。

盛宣怀的父亲盛康曾在杭州任官，据说，盛康任职期间经常去灵隐寺游玩，一来二去，便和寺内的住持交往很

■盛宣怀（1844年—1916年），出生于我国民族工商业发祥地常州，清末官员，官办商人，洋务派代表人物，著名的政治家、企业家和慈善家，被誉为"中国实业之父"和"中国商父"。盛宣怀创造了11项"中国第一"：第一个民用股份制企业轮船招商局；第一个电报局；第一个内河小火轮公司；第一家银行；第一条铁路干线京汉铁路；第一个钢铁联合企业汉冶萍公司；第一所大学北洋大学堂（天津大学）；第一所高等师范学堂南洋公学（上海交大等）；第一个斟矿公司；第一座公共图书馆；创办了中国红十字会。

深。后来，盛宣怀便出资帮助昔征修整灵隐寺。

这时的灵隐寺早在太平军攻占杭州时，遭到了毁坏，仅存了天王殿和罗汉堂。自此之后，住持贯通法师又发动僧徒筹资修建了联灯阁、大寮和库房等房屋。

1908年，贯通法师圆寂后，昔征继任了住持。他在1910年主要重修了灵隐寺的第二大殿大雄宝殿，建筑中所使用的木材绝大部分都是用进口的美国俄勒冈州红松。

据说，这批红松原是淮军统帅李鸿章用以建海军军舰的木材，后来其中部分被慈禧太后用来修建北京颐和园，一部分运到杭州拱宸桥码头，转拨给灵隐寺建造大殿。

现在灵隐寺的大雄宝殿便是在当年的基础上重修的，因为在1949年时，原来大雄宝殿上的一根28米高的主梁被白蚁蛀空，导致大殿倒塌压毁佛像。为此，1953年重修时将大雄宝殿改为永久性的水泥建筑，而殿内的24根红松梁柱经过防潮、防蛀处理，用混凝土加固后，依然挺立在那里。

这大雄宝殿，原称"觉皇殿"，一般简称为"大

淮军 1861年，太平军向上海进军，上海守备清军不能抵抗，外援英军未到，上海地方官绅派代表向时任两江总督的曾国藩求援。曾国藩即命他的得力幕僚李鸿章招募淮勇，于1862年3月在安庆编成一军，称"淮勇"，又称"淮军"。

殿",它是寺院僧众早晚诵经共修的场所。

灵隐寺的大雄宝殿为仿唐建筑,它采用古代建筑单层三重歇山顶的传统手法,加上高高翘起的飞檐翼角,使庞大的屋顶显得轻盈活泼。

殿宇的瓦饰、窗花、斗拱、飞天浮雕以及天花板上的云龙绘图,均显示了中国古代高超的建筑水平。

此殿殿高33.6米,仅比天安门城楼低0.1米,其规模在国内佛教寺院中并不多见。在屋顶中央,饰有一颗闪耀的明珠,两侧写有"佛日增辉"四个大字。

屋檐下悬挂两块横匾,"妙庄严域"是著名书法家张宗祥所题,"大雄宝殿"是著名书法家原西泠印社社长沙孟海于1987年重书的。

大雄宝殿东、西两侧生长着一棵棵高大、茁壮的娑罗树,相传是在东晋咸和元年(326),由创建灵隐寺的印度和尚慧理从家乡带来的娑罗籽栽培起来的。

■ 比天安门略低的大雄宝殿

大雄宝殿殿内正面为释迦牟尼莲花坐像。这尊佛像是1953年重修灵隐寺时，由中央美术学院邓白以唐代禅宗著名雕塑为蓝本构思设计，华东分院雕塑系教师和东阳木雕厂民间艺人合作创造的，用24块香樟木雕成。佛像高19.6米，加上须弥座石基总共24.8米，佛像全身两次贴金，共花去黄金86两之多。它是我国目前最大的香樟木雕坐像。

■ 殿内释迦牟尼佛的正面

佛像端坐莲台，左手上抬，作吉祥姿态说法相，头部微微前倾，两眼凝视。当你进殿抬头瞻仰时，与佛像视线刚好相接，以示佛祖对众生的呵护。

佛祖坐在莲台上，表示圣洁清芳，出污泥而不染；佛祖螺状的头发为天蓝色，象征与天齐平；额眉间有个"白点"是佛祖三十二相之一，"白毫相间"表示吉祥如意；头部后面的镜称为"摩尼镜"，象征智慧和光明；佛顶上有一把状如撑开雨伞似的盖，叫天盖，又称"宝盖"。

大雄宝殿内两厢站立的是佛教护法神二十诸天，佛教把古代印度神话和其他宗教中的一些神也称为天，并将他们吸纳进来，视为佛教的护法神。

这些塑像各前倾15度，以示对佛的尊敬。他们是掌管日、月、星、地、水、风、雨、雷、电等的天

窗花 是贴在窗户纸上或窗户玻璃上的剪纸。在宋元时期逐渐流传，逐渐成形。窗花是民间剪纸中分布最广、数量最大、最为普及的品种。分为"南北风格"，南方以"精致"为美，其特点是玲珑剔透；北方以朴实生动为美，其特点是天真浑厚。

慈航普度 是佛家语言。佛家以慈悲为怀，所以"慈航"就是用慈善之心去引导，"普度"是不分什么人都要度。"度"字含有济度、转化之意。印度梵文是"波罗密多"，意思是到达彼岸。"慈航普度"亦即通过用慈悲之心，去引导人们，使大家能渡过生死苦海，达到快乐的彼岸。

五十三参 《华严经·入法界品》说：善财童子最初从文殊菩萨处发菩提心，次第南行，先后向菩萨、佛母、比丘、比丘尼、优婆塞、天神、地神、主夜神、王者、城主、长者、居士、童子、天女、童女、外道、婆罗门等53位善知识参访请教，并依教奉行，终于获证善果。

神。西侧第一尊是阎罗天子，传说是地狱的统治者。东侧第一尊是裟竭龙王，掌管海洋水利。

其他还有四大天王、日宫天子、月宫天子、鬼子母神、坚牢地神等，他们手执法器和兵器，是神通广大的象征。

殿后趺坐的是"十二圆觉"，意为"圆满的觉悟"，是密教崇奉的著名菩萨群体。佛教三经之一《圆觉经》说，12位菩萨向佛祖请问修行法门，佛说大乘圆觉清净境界修行法。

东面排列的是文殊、普眼、贤首、光音、弥勒、净音，西面排列的是：普贤、妙觉、善慧、善见、金刚藏、威音。

他们都是佛祖的大弟子，据说现在的佛经，就是他们根据释迦牟尼在世时的讲经说法和自己的见闻整理而成的。大雄宝殿有十二圆觉这样的布局，全国仅灵隐寺一座。

大雄宝殿的后壁有"慈航普度"殿，背壁是一组高20余米，有大小佛像150尊，气势恢宏的彩色海岛立体群塑。这些佛像全部用黏土而不掺一点水泥制作，佛像个个神态各异，栩栩如生，展现了佛教《华严经》中"慈航普度""五十三参"的故事。

这组群塑布局分上天、地、海三层，最下层为"海"，两侧为来南海朝拜的十八罗汉，正中脚踏鳌鱼、手持净瓶的就是大慈大悲的观世音菩萨。

观音菩萨右侧，有一尊双手合十，身穿红肚兜的孩童叫"善财童子"。善财，是"五十三参"中的第二十七参，遇到观音，得道后成为观音的侍从。

据佛经讲，善财童子是文殊菩萨曾住过的福城长者五百童子之一，善财出生时，有种种珍宝涌现，故名善财。善财看破红尘，发誓要修行成佛。

文殊菩萨路过福城，看出善财有佛缘，就指点他去南游100城，参访53位"善知识"，最后遇到普贤"即身成佛"。所以佛教建筑中的阶梯常铺为53级，比喻"五十三参，参参见佛"。而现在我们民间对善财理解为"招财童子"或祈祷童子投胎。

观音菩萨的左侧便是龙女，她和善财一起是观音菩萨的左右胁侍，民间所传说的"金童玉女"，指的就是他们两位。

群塑中间坐在麒麟上的金身像是地藏王菩萨，他曾是新罗国的王子金乔觉，削发为僧后到我国的九华山修行得道。

善知识 在《佛光大辞典》中的解释是，正直而又有德行，能教导正道之人。又可作知识、善友、亲友、胜友、善亲友。

龙女 是"二十诸天"中婆竭罗龙王的女儿，聪明伶俐，8岁时偶听文殊菩萨在龙宫说"法华经"，豁然觉悟，通达佛法以龙身成就佛道。

■ 观世音菩萨塑像

■ 大殿内经幡

地藏王菩萨 因其"安忍不动如大地,静虑深密如秘藏",故名地藏。为佛教四大菩萨之一,与观音、文殊、普贤一起,深受世人敬仰。以其"久远劫来屡发弘愿",故被尊称为大愿地藏王菩萨。

照佛法的说法,地藏受释迦牟尼的重托,在释迦牟尼寂灭而未来佛弥勒佛出世前的这段时间,担当起教化六道众生的重任。释迦牟尼又任命他做幽冥教主,就是管理阴间,地藏承担这个重任以后立下誓愿:"地狱未空,誓不成佛!"意思就是直到地狱没有一个"罪鬼"受苦,自己才愿意成佛。

佛心朴直,善亦大焉。可惜六道轮回永无休止,地狱何时才能撤空?所以地藏菩萨也就永难成佛,我国佛教也把他作为四大菩萨之一。

最上层"三十三天"那尊形容枯槁、瘦骨嶙峋的佛像,展现的就是释迦牟尼成佛前在雪山茹苦修行的状态,又称"饿佛像"。他吃的是白猿献的果,喝的是麋鹿献的奶。这也许就是和尚只能吃素,但可以喝牛奶的缘由。

在这组群塑中,还有两位特别的人物。一位曾在灵隐寺出家的济公和尚,另一位是扫得宋朝奸臣秦桧失魂的疯僧道济。其中,济公和尚位于群塑的左上方,只见他侧着身手拿破扇子挡住了脸。

大雄宝殿的这组涌壁群塑是佛教艺术的上乘之作,充分体现了我国古代宗教艺术家们的神工技巧。

阅读链接

大雄宝殿后壁的群塑中,观音脚踏鳌鱼塑像有一个传说故事。据说,在人世间地下有鳌鱼,是海中之王,眼睛眨一眨,尾巴动一动,都有可能引起山崩海啸,洪水地震。

只有观音能镇住鳌鱼,独占鳌头。于是,驯服后的鳌鱼便成了观音的坐骑。

以中轴线为中心的灵隐全貌

　　北伐战争时期，军阀吴佩孚的下属徐图进，为了窃取千年古珍佛宝——灵隐寺第一代住持大师碧钵和尚坐化的一口古缸——生天堂，不惜放火烧毁了这座千年古刹。新中国成立后，灵隐古刹受到党和人民政府的关怀。1952年，浙江省政府成立了"杭州市灵隐寺大雄宝殿修复委员会"，主持修复工作，改原来砖木结构为钢筋水泥结构。

■ 灵隐寺建筑

■ 歇山顶药师殿

匾额 是古建筑的必然组成部分，相当于古建筑的眼睛。匾额中的"匾"字古也作"扁"字。是悬挂于门屏上作装饰之用，反映建筑物名称和性质，表达人们义理、情感之类的文学艺术形式即为匾额。但也有一种说法认为，横着的叫匾，竖着的叫额。

1954年，重新修建的大雄宝殿落成。1985年起，灵隐寺制订全面恢复寺院10年规划，将灵隐寺修建成一座寺外有照壁，寺内亭台楼阁齐全、殿堂寺宇齐配的佛教丛林，再现江南千年古刹雄姿。

现在，灵隐寺全寺建筑中轴线上依次为天王殿、大雄宝殿、药师殿、藏经楼和华严殿五大殿，此外，灵隐寺内还有钟楼、鼓楼、斋堂、客堂、方丈经堂、伽蓝殿、功德堂和念佛堂等附属建筑。整体建筑庄严静谧，更有名家题匾，气宇轩昂。

其中，灵隐寺内的药师殿是一座单层重檐歇山顶的大殿，它是1993年正式开光的，大殿上的匾额是原佛教协会主席赵朴初先生所书。

殿内台座上结跏趺坐的是东方净琉璃世界的药师佛，其面相慈善，仪态庄严。

药师佛左右分别是手托太阳象征光明的日光菩

萨和手托月亮象征清凉的月光菩萨，三者合称为"东方三圣"。大殿的左右两边是药师佛的十二弟子"药童"，又称"十二药叉大将"。

华严殿是灵隐寺的最高处，也是灵隐寺的最后一重殿。殿门上挂有我国原全国人大常委会委员长乔石的亲笔题字"华严殿"。殿门匾额上书有"华藏世界"4个大字。

华严殿里供放着华严三圣：当中圆满抱身佛像，即如来，微笑着俯视众生。佛祖右边是手执如意的大行普贤菩萨，左边手执莲花的是大智文殊菩萨。

三尊佛像都端坐在勾着金边的莲花宝座上，造型端庄凝重，气韵生动，极具风采。据记载：三者都是华严世界里的圣人，所以又称为"华严三圣"，华严殿即是依此而得名。

华严殿的东侧建有配置彩色灯光的"九龙吐水"大型水池。西侧有一塑像，这是日本"遣唐使"空

江南第一刹

灵隐寺

十二药叉大将

又称药师十二神将、十二神王，为药师如来的眷属。他们不仅顶盔挂甲，神态威武，而且会按12个时辰轮流值班，及时去拯救那些生病的信徒，保护众生。人们按照我国的习俗给他们配上了十二属相的图案，又分别成为了各个属相的保护神。

■ 华严殿内的华严三圣

海，当年曾在灵隐寺修行，回国后创立了"真言宗"，被人赐号"弘法大师"。

灵隐寺的五百罗汉堂自明代就有，后来毁废，清朝道光年间曾经重建并名噪一时，但于1936年秋天遭受火灾而再次毁灭。现今的罗汉堂是1998年重建的。重建后的五百罗汉堂系仿清建筑，飞檐翘角，气势雄伟，它是目前我国国内规模最大的罗汉堂。

灵隐图书馆是灵隐寺储藏历代所收集的书籍的场所，位于药师殿西面。灵隐寺藏书颇有传统，早在清朝道光年间，浙江巡抚、著名学者阮元在灵隐寺创建了"灵隐书藏"，后来中断。新建的灵隐寺图书馆取名"云林图书馆"，建于2003年，建立目的之一就是为了恢复"灵隐书藏"的功用。

2004年3月3日，失散77年的镇寺之宝"生天堂"古缸又重归灵隐寺。现在，灵隐寺香火兴旺，香客遍及大江南北。

阅读链接

关于五百罗汉的来历，在佛教中有多种说法：一是如《十诵律》中载，释迦在世时，常有五百弟子随侍听法传道。一是在释迦涅槃后，参加第一次结集或第四次结集的五百比丘。在《舍利弗问经》中说，弗沙秘多罗王毁灭佛法后，有五百罗汉重兴圣教。

我国佛教尊崇五百罗汉是从五代时开始的。在佛教中，罗汉所证的果次于佛和菩萨，因此地位也比他们低，他们住的地方只能叫"堂"而不能叫作"殿"。